U0018997

心理學的法則

101 Things I Learned
in Psychology School

Tim Bono, PhD
with Matthew Frederick

101個了解情緒，破解人性的黃金法則

100 原點
UN-
300(5

獻給媽、爸、Julie、Mike、Matt
以及Christine──早在我上學受教育前，
你們就讓我充分領受到心理學的奧妙⋯⋯
或說是「反向心理學」的奧妙，
哈哈。

──提姆 Tim

致謝

Acknowledgments

提姆：感謝Christopher Lewis、Colin Keller、Kalen Furrer、Justin Lerner、James Compton、Linda Churchwell、Randy Larsen、Zvjezdana Prizmic-Larsen，以及我在聖路易斯華盛頓大學的學生們。

馬修：感謝Sorche Fairbank與Matt Inman，特別感謝Marnie White。

心理學的法則

101個了解情緒，
破解人性的黃金法則

101 Things I Learned in Pshchology School

你得用新技巧來處理
你的問題。

你得深入自我，
尋找問題根源。

我們先用25毫克的樂復得
（Zoloft）試試。

認知行為療法
Cognitive behavioral therapy

心理動力療法
Psychodynamic therapy

精神病學療法
Psychiatry

・側重於當前的思維模式與行為
・培養新技巧
・偏向短期療法

・以過往事件為導向；假設患者的
　身心發展仍停滯於上一個階段
・找出人們思想行為背後的運作模
　式與潛在態度
・偏向長期療法

・醫學／科學介入
・對於「思覺失調症」這類牽涉
　到生物學因素的精神障礙，這
　種療法有其必要
・有時可與心理介入搭配使用

談話療法

藥物療法

介入心理健康的三種方法

Psychiatry leans toward nature. Psychology leans toward nurture.

精神病學側重先天因素，心理學側重後天因素。

精神病學（Psychiatry）通常認為精神疾病肇因於生理因素，例如遺傳缺陷或神經異常，治療上則偏向採取醫學模式（medical model）。具有專業醫療背景的精神病學家，他們的治療方法通常也偏向從生理面著手，例如藥物治療或電痙攣療法（electroconvulsive therapy）。

心理學（Psychology）傾向認為精神疾病肇因於環境因素與生物學因素。治療上常尋求「談話療法」。心理學家敬重藥物療法，但也意識到這種療法對某些患者來說可能起不了作用。心理學相信人可以蛻變。這是一門樂觀的科學。

01

散布圖

能顯示所有研究結果

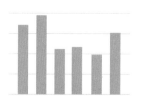

垂直長條圖

能有效比較不同條件或
不同組別的數值

水平長條圖

適用於縱貫研究
（longitudinal study），
能追蹤隨時間變化的數據

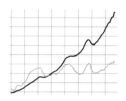

折線圖

能有效展示隨時間變化的
數據

圓餅圖

用於處理類別互斥的
離散型資料，所有類別的
百分比總和為100%

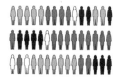

象形圖

雖然適合一般大眾，
但若要處理大量或複雜的
數據就不太夠用

數據圖表常見格式

A psychologist is a statistician.

心理學家也是統計學家。

行為、思維與情感，本質上是無形的，但相關的問題設計必須要能實證測試。心理學研究通常會調查或檢視一組樣本，得到數據後，便能從該樣本推及到其所代表的更大群體。例如，當我們對一組大學生進行性行為調查，便能預期獲知大學生整體的性行為情況。不過這些研究數據，不應被假定為能適用於每個獨立個體。

O2

The type of question determines the type of research.

問題的類型，決定研究的類型。

縱貫研究（longitudinal study）：在一段時間內，針對相同的一群人進行數據採集，以了解他們的行為如何變化或發展。這種研究很耗時且通常很昂貴。

橫斷研究（cross-sectional study）：與縱貫研究的目的類似，但是該研究會拿不同年齡組的個體進行比較，例如同時比較60歲與40歲的人。

實驗研究（experimental study）：在受控環境下，利用一個變項，來對不同的實驗組施加不同的干預措施，然後測量這個變項並製表。這是唯一能夠推斷因果關係的設計。

自然研究（naturalistic study）：研究人們在「自然環境」下的行為，最好是在他們未察覺的情況下進行。由於並非在實驗室的受控環境下進行，因此無法完全識別、控制或測量出影響人們行為的因素。

相關研究（correlational study）：對兩個變項（或行為）分別進行測量，以了解兩者是否相關聯，例如收入與快樂，身高與鞋碼。

個案研究（case study）：檢視單一個體的行為或特徵，對象可以是擁有超凡天賦的人，也可以是連環殺手。這種研究相當細緻深入，但鮮少採用，因為其研究成果並不具普適性。

O3

美國總統當選人哈利・杜魯門（Harry Truman），1948年*

＊譯註：圖中哈利・杜魯門高舉《芝加哥每日論壇報》，當日頭條寫著「杜威擊敗杜魯門」。

A sample must represent those not in the sample.

樣本必須要能代表樣本以外的成員。

適當的研究樣本，應該是：

· 樣本數要夠大，才能讓各種干擾降至最低，這些干擾包括測量誤差、受試對象未能理解問題，或其他隨機的、不尋常的因素。然而，樣本數也不宜太大，否則錯誤數據或異常數據會出現得太過頻繁，導致這些數據也被納入影響因素。典型的研究採樣，最小樣本數為40人。

· 樣本需從適當的人群中隨機選取。從人群中採樣時，如果該人群本身就不具代表性，那麼可能就會得出錯誤的結論。這裡有個著名例子，1948年美國總統大選的隔天早上，《芝加哥每日論壇報》（*Chicago Daily Tribune*）上斗大的頭條標題誤稱共和黨候選人湯瑪斯·杜威（Thomas Dewey）擊敗了民主黨候選人哈利·杜魯門（Harry Truman）。該報的這個錯誤結論源自電話民調（也就是從電話簿中隨機選取受試樣本）。但在當時，共和黨支持者擁有電話的可能性，比起民主黨支持者要大得多。

04

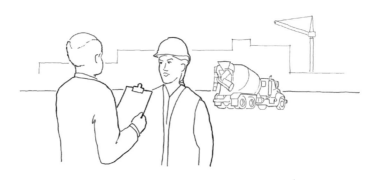

Seek concrete answers, not merely quantitative answers.

尋求具體的答案，而不要只是量化的答案。

很多研究都會自然而然導出量化數據。例如對快樂的研究，可能會測量某人在某次
互動中的微笑次數；而對記憶的研究，可能會測量個體在1分鐘、5分鐘、10分鐘
後所能記得的事項數量。

當問及人們一年之中的悲傷次數時，也會產生量化數據，但可能是不可靠的。因為
受訪者的記憶可能不夠準確，而他們對「悲傷」的定義可能也大相逕庭。但若我們
問：「在過去一年中有多少次，你因為太過悲傷而請病假？」便會引出具體的答
案。同樣地，與其讓人們評估自己的拖延症有多嚴重，也許這樣問更好：「你目前
有多少張逾期未繳的水電費帳單，雖然其實你明明付得起？」

這種尋求具體回應的提問，有助於澄清抽象概念，並確保在不同的研究間保持一致
性。

05

□ 完全同意
□ 大部分同意
☑ 有點同意
□ 無意見
□ 有點不同意
□ 大部分不同意
□ 完全不同意

A 7-point scale is really a 5-point scale.

量表設計：七點量表實際上是五點量表。

做問卷調查時，很多人並不喜歡給出極端的回答，像是「從不」或「總是」。因此設計量表時，通常七點量表會是最有效的，因為它能讓受訪者避開極端選項，同時又保有五個明確選項。那些沒有意見或不做判斷的人，可以選擇中間選項，而那些持溫和或強烈意見的人，亦能表達自身傾向，同時又能不必持絕對立場。

設計量表時，通常會避免讓選項數量為偶數個，這樣會缺乏中間選項，而迫使那些希望做出中立回答的受訪者表現出不準確的態度傾向。

O6

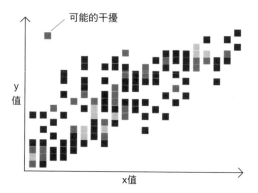

可能的干擾

y
值

x值

散布圖能顯示所有研究結果

Subjectivity is more objective when you have a lot of it.

只要樣本量夠大，主觀因素也能越來越客觀。

人們身上的許多訊息都是無法直接觀察到的。通常，我們必須透過詢問來獲知，例如問他們會如何應對某種特定情境，或是問他們有多常感受到某種特定情緒。而他們的答案──所有形式的調查都一樣──將會生出一些干擾雜訊：有些受訪者可能存有偏見；有些可能會欺騙；有些則可能沒有意識到自己做出不準確的描述。但若你調查的人數越多，這類干擾就越能互相抵消。

O7

在給定的獎賞機制中，
減少或移除某物

在給定的獎賞機制中，
增加或添加某物

	減少或移除某物	增加或添加某物
試圖增加 或鼓勵 某種行為	負增強	正增強
試圖減少 或阻止 某種行為	負懲罰	正懲罰

Positive isn't good. Negative isn't bad.

「正」不一定代表「好」，「負」不一定代表「壞」。

「正」與「負」的表達，在這裡是價值中立的；這組詞彙僅用於指出數據的方向性。「正」表示有或增加，「負」表示無或減少。以思覺失調症來說，正性症狀是指憑空聽見了（添加了）聲音，負性症狀是指無正常情緒反應。

將懲罰視為**負增強**並不正確，因為無論是正增強還是負增強，皆旨在增加某種行為，而懲罰則總是試圖減少某種行為。若一名教練要一名練習遲到的隊員罰跑操場，便是實施**正懲罰**。而若教練禁止隊員參加比賽，便是實施**負懲罰**。

O8

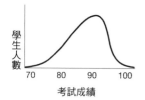

負偏態

Negative skew

表示考試太簡單

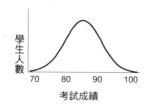

常態曲線

Normal curve

表示考試公允地衡量了
學生的能力

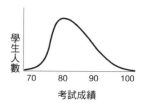

正偏態

Positive skew

表示考試太困難

大學課堂考試及格成績

Most phenomena are bell-shaped.

大多數現象都呈鐘型曲線分布。

大多數人類的特徵和行為,如身高、體重、智力、個性、反應時間,以及工作／娛樂習慣,都依循著一個可預測的模式:大部分數據會落在中間值,少數則會落在極高或極低數值。繪製成圖表時,便會產生對稱分布的**鐘型曲線**。

鐘型曲線也可以是非對稱分布的。例如,當我們繪製一張大學課堂考試及格成績的圖表時,其曲線便可能呈**負偏態**,即曲線左側拖著長長的尾巴。這可能表示考試太簡單了。若是呈**正偏態**,則可能表示考試太困難或不夠公允。

O9

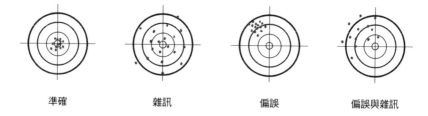

準確　　　　　雜訊　　　　　偏誤　　　　偏誤與雜訊

Where there are people, there is bias. Where there is judgment, there is noise.

有人的地方就會有偏誤；有判斷的地方就會有雜訊。

當數據持續朝某個方向偏離正常值時，代表此時存在**偏誤**，例如車速表的顯示速度若總是比實際速度高5％，便是存在偏誤。若車速表所提供的讀數變化很大，便是存在雜訊——此時當然也可能存在偏誤。

當我們拉大尺度來看，偏誤與雜訊往往會互相抵消。例如一份針對保險費的研究顯示，不同核保人為同一客戶分配的保險費，其差異平均可達55％，這表示個別核保人之間存在著巨量的偏誤與（或）雜訊。但若拉大尺度，放眼整間公司的所有保險單，這些差異可能會平攤，也就是說，就算公司內部存在著巨量的雜訊與偏誤，但以公司級別的尺度來看，偏誤可能不存在

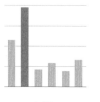	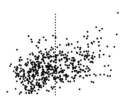
眾數 **Mode**	**中位數** **Median**
最常出現的數值	將一組數值均分為兩半

年分	死亡數
1979	541
1980	548
1981	354
1982	515
1983	497
每年平均	491

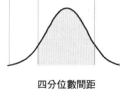

平均數 **Mean**	**四分位數間距** **Interquartile range**
數值的總和除以數值的個數	略去前1/4的低端數值與 後1/4的高端數值

在對稱分布的鐘型曲線中，眾數、中位數、平均數的數值相同。

哪種數據最具代表性？

如果說一個班級的考試成績平均為84分，我們會知道這是指**平均數**（mean），也就是將所有學生成績相加，然後除以學生人數後得到的結果。有了平均數作為參考標準，我們可以很快判斷出每個學生的表現是好是壞。然而平均數在展現平均這方面，並不總是最有用的。試想一間小型大學，裡頭學生的年均收入為10,000美元。假如當中一名典型的學生被凱莉・珍娜（Kylie Jenner）＊所替換，那麼年均收入可能就會增加到210,000美元——這數字在數學上是準確的，但是對大多數觀察者來說，這數字並不具代表性。但若採用**眾數**（mode）或**中位數**（median），那麼得出的數字就會仍接近10,000美元，如此便能為學生收入狀況提供有意義的速寫。

四分位數間距（interquartile range, IQR），即統計分布區塊中間的50%，也同樣有用。在上面的例子中，四分位數間距或能顯示出中間50%的學生每年賺進8,500美元到10,800美元。

＊譯註：凱莉・珍娜（1997年生），美國名媛，金・卡達夏（Kim Kardashian）同母異父的妹妹。多次盤踞《富比士》（*Forbes*）全球最高收入名人榜（The World's Highest-Paid Celebrities）。

11

Significant is not necessarily important.

「顯著」不必然是重要的。

統計顯著性（statistical significance）是指測試中兩個數值的差異，大到能夠檢測出來。研究者必須要能識別顯著數據的變異，但不應假定它們必然是重要的。它們只有在能夠涉入現實世界時才具有重要性，例如能夠改善生活品質的全新諮商技術或醫學介入措施。

當研究數據顯示出顯著性差異，就要識別出它在人們日常生活中能提供幫助的具體方式。如果無法為其找出重要性，看看這些數據是否能指出新的途徑或點出新的問題，無論是研究面還是實務面。

智慧　　深植於主觀經驗脈絡的知識

知識　　有脈絡的資訊

資訊　　有脈絡的數據

數據　　缺乏脈絡的事實

Data needs a story.

數據需要故事。

研究數據是中立的資訊；若僅是將其直接呈現，對於與這些數據缺乏個人連結的人來說，可能意義不大。當你呈現數據時，若能引入敘事元素，便能讓這些數據活起來，並能直搗人心，讓人們明白這些數據與自身及人類現況的關係。

個人敘事：向大家描述，該研究試圖回答的問題，研究者是如何感興趣的。

歷史敘事：向大家展示，該研究的核心問題多年來專家們都是如何探究的；不斷變動的環境脈絡又是如何改變了這個問題；而當前的研究又是如何架構這個問題。

實驗敘事：向大家講故事，描述研究者如何創建並組織該實驗，可以講講研究方法、意外的洞察、失敗、重啟，以及最終的成功。

講完你的研究內容後，還不要就此結束。作結論時，請再拉回你的研究初衷，並提出這則故事未來可能的發展方向。

13

How to give a research talk

如何進行研究發表

1 **為你的演講精準下標。** 如果你的研究主題很刁鑽,那你可以為你的研究發表想個親和的、挑撥的,或是雙關的標題,然後加上一個能清楚解釋研究主題的副標。

2 **那個促使你開展研究計畫的基本問題或疑問,請呈現出來。** 此時帶入個人軼事應有幫助,但你要確保它能導出那個明確的問題,而這個問題是能進行科學測試的。

3 **向大家概述現有研究。** 指出現有研究留下的問題缺口,而你的研究又要如何著手處理。

4 **請在演講開始的15分鐘內呈現出你的數據。** 台下那些同行的研究人員或專業人士會期待聽到更多細節,而一般聽眾則可能更關心你的研究的應用性與重要性。

5 **將你的數據導向一個結論。** 告訴大家你如何回應(或無法回應)一開始所提出的科學問題。無論是哪種情況,你都要承認自己研究的局限性以及尚未解決的問題缺口。

6 **保留時間讓大家提問與評論。** 這通常是演講中最有價值的環節——無論對演講者或是參與者來說都是。

7 **請在一小時內講完。** 對於那些還想獲知更多資訊的人,你可以提供參考資源,讓他們能在演講結束後繼續探究。

14

Put your unused ideas in the parking lot.

沒用上的構想，先放進停車場。

在發展理論時，應遵循簡約法則（Law of Parsimony）：追求最直接的解釋，對你所研究的那些現象做出最少的假設。

在寫論文或向大家呈現你的研究時，整個開展過程，都應圍繞著一至兩個論點或論題。如果你的構想太多，那麼當中的重要構想就會被淹沒（即使它們都是好構想），整個開展過程也將變得含混不清。要嘛淘汰掉次要構想，要嘛發展一個更大的統一構想，將其餘構想整合起來。將你沒用上的構想先放進「停車場」，未來寫論文或做研究時可再重新審視它們——也或者，最終接受它們永遠無法重新啟用的事實。

15

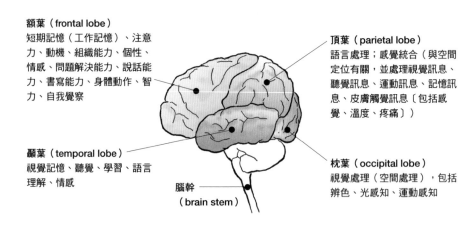

額葉（frontal lobe）
短期記憶（工作記憶）、注意
力、動機、組織能力、個性、
情感、問題解決能力、說話能
力、書寫能力、身體動作、智
力、自我覺察

顳葉（temporal lobe）
視覺記憶、聽覺、學習、語言
理解、情感

腦幹
（brain stem）

頂葉（parietal lobe）
語言處理；感覺統合（與空間
定位有關，並處理視覺訊息、
聽覺訊息、運動訊息、記憶訊
息、皮膚觸覺訊息〔包括感
覺、溫度、疼痛〕）

枕葉（occipital lobe）
視覺處理（空間處理），包括
辨色、光感知、運動感知

大腦皮質（cortex）四葉

Gray matter is pink.

大腦灰質是粉紅色的。

構成大腦的神經元約有100,000,000,000個，其中大部分是灰色的。然而，當我們直接觀察大腦，會發現大部分略呈粉色調，這是因為其上布滿流有血液的血管。大腦某些部位也會呈紅色、白色、黑色。

被摘取下來進行保存的大腦，之所以呈灰棕褐色或灰白色，則是因為使用了防腐劑（如甲醛）。

16

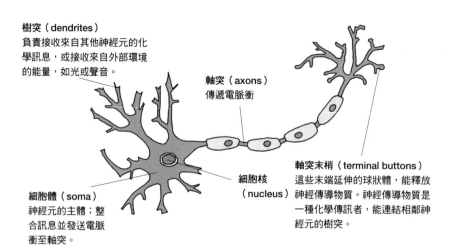

樹突（dendrites）
負責接收來自其他神經元的化
學訊息，或接收來自外部環境
的能量，如光或聲音。

軸突（axons）
傳遞電脈衝

軸突末梢（terminal buttons）
這些末端延伸的球狀體，能釋放
神經傳導物質。神經傳導物質是
一種化學傳訊者，能連結相鄰神
經元的樹突。

細胞核
（nucleus）

細胞體（soma）
神經元的主體；整
合訊息並發送電脈
衝至軸突。

神經元（neuron）組成

The brain is electric.

大腦是有電的。

每一個思維、情感、行為，都要經由神經元（neuron）間的通訊來實現，神經元是一種會在我們大腦與全身上下進行「激發」（fire）活動的專門細胞。這些細胞透過電脈衝來通訊，電脈衝則能將神經傳導物質（一種化學傳訊者）發送給其他神經。一組神經元活化另一組神經元，最後點燃了思維、情感、行為。

神經傳導物質重複傳遞的次數越多，神經元間的連接關係就會變得更強大、更恆久，此時，一個神經元的活化，將更容易導致另一個神經元的活化。例如，看牙醫鑽牙齒時，通常會先聽到鑽頭聲，然後才會經歷鑽牙的痠痛；當這份經驗重複多次，那麼之後只要聽到鑽頭聲，對鑽頭聲有反應的神經元就會去活化對痠痛有反應的神經元──即使還沒真的鑽下去，痠痛也還沒真的產生。

17

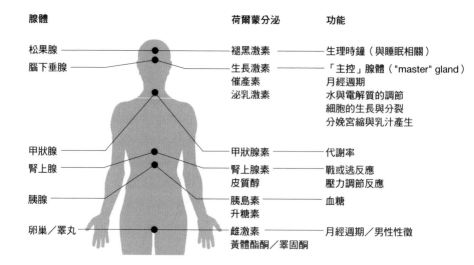

腺體	荷爾蒙分泌	功能
松果腺	褐黑激素	生理時鐘（與睡眠相關）
腦下垂腺	生長激素	「主控」腺體（"master" gland）
	催產素	月經週期
	泌乳激素	水與電解質的調節
		細胞的生長與分裂
		分娩宮縮與乳汁產生
甲狀腺	甲狀腺素	代謝率
腎上腺	腎上腺素	戰或逃反應
	皮質醇	壓力調節反應
胰腺	胰島素	血糖
	升糖素	
卵巢／睪丸	雌激素	月經週期／男性性徵
	黃體酯酮／睪固酮	

Neurotransmitters are text messages. Hormones are snail mail.

神經傳導物質是即時訊息，荷爾蒙是傳統郵件。

神經傳導物質（neurotransmitter）與荷爾蒙（hormone）都是自然生成的化學傳訊者，影響著我們的情感、思維、行為。它們的主要區別在於傳播速度，及其所導致的效果持續時間。神經傳導物質在神經元間的傳播速度極快（奈秒級），例如當我們碰觸到熱爐時，它能讓我們迅速將手收回。

荷爾蒙透過循環系統來傳播；它們需要更長的時間來產生效果（從數秒到數小時不等），並且可以有較長的效果持續時間。例如，你白天與某人起爭執，結果一天快結束時，你還是受這份情緒影響，很可能就是因為身體釋放了荷爾蒙皮質醇，它會在你以為事情早就過去時，繼續在你的身體中循環。

18

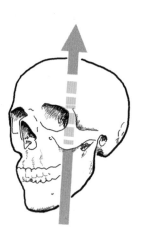

An extreme case illuminates the ordinary.

極端案例闡明一般情況。

1848年，鐵路建造工人費尼斯·蓋吉（Phineas Gage）指揮一群工人爆破岩石，以作為鐵路道床。在一次爆破中，一根重13磅、直徑1¼吋、長度3至7吋的鐵棒，射向蓋吉的臉部。鐵棒由下往上穿過他左眼後方，貫穿他的大腦，最後從他的頭骨頂部穿出，然後落在80呎遠的地方。

蓋吉在這場磨難中倖存下來，他的智力、記憶並未受損，基本功能（如進食、呼吸、體溫維持）也都完好。然而，據聞原本行儀有禮、勤勉認真的蓋吉開始變得粗魯與喜怒無常。此事至今仍有爭議，不過有關蓋吉的這些傳聞──他的某些部分發生劇烈改變，某些部分則保持不變──確實有助於我們思考，大腦可能擁有不同區塊專司不同功能。在此之前，人們將大腦視為一個整體、一顆性質統一的團塊，如果其中一部分受損，那麼人們大部分或所有的行為與功能，都會因而衰退。

19

無中央大腦 （刺絲胞動物等）	後腦 （「蜥蜴腦」〔lizard brain〕）	高階思維 （人類）
其神經系統由專司反射的神經元群（神經節）所組成，這些神經元群分布在身體各處	擁有基本功能，如：覺察、反射、進食、繁殖、戰或逃反應、基本情緒（憤怒、恐懼、愉悅）	語言；想像力與抽象思考；推理與批判式分析；反思；創造力；高階情感；後設覺察（meta-awareness，對自身覺察的覺察）

Higher thinking happens higher in the brain.

高階思維發生在大腦上層。

大腦中處理基本生命機能（如呼吸與心跳）的諸多區塊，都位於大腦最內部幾層。大腦中處理更複雜功能（如抽象推理、想像力、批判性分析）的諸多區塊，則位於大腦最上部幾層與最外部幾層。這種組織形態，保護了大腦中最為生存所需的部分：即使外層受損，我們依然能夠存活。

20

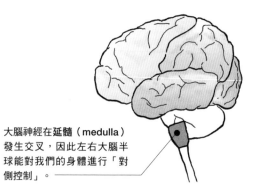

大腦神經在**延髓**（medulla）發生交叉，因此左右大腦半球能對我們的身體進行「對側控制」。

The logical left brain/creative right brain distinction is a myth.

邏輯左腦與創意右腦的區分是一種迷思。

大腦左半球負責邏輯與分析活動，大腦右半球處理創意活動與空間概念，這其實是一種常見的誤解。這種迷思還有衍生版本：由於大腦左右半球確實對我們的身體活動進行「對側控制」，因此普遍認為左撇子天生比右撇子更具創意。

不過並無證據顯示大腦具有這種涇渭分明的「邏輯／創意」結構，也無證據顯示普通人會側重使用某一邊的大腦半球。大腦的不同區域確實處理著不同功能，而且在某些時刻，大腦的某些亞區域（sub-region）可能會有更強的活動表現；不過大腦在處理幾乎所有的思維、情感、行為時，左右半球的表現都同樣活躍。

21

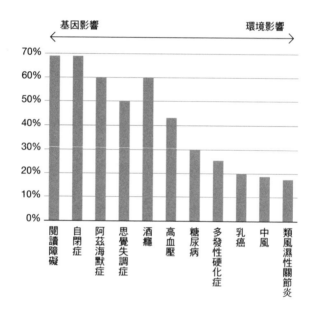

同卵雙胞胎相同特徵百分比

資料來源：Albert H.C. Wong, Irving I. Gottesman, and Arturas Petronis, "Phenotypic differences in genetically identical organisms: the epigenetic perspective." *Human Molecular Genetics*, 2005, Vol. 14, Review Issue 1

The womb isn't a neutral environment.

子宮是易受影響的非中性環境。

皮質醇（cortisol）——腎上腺分泌的荷爾蒙——能幫助調節身體中許多關鍵機能，包括新陳代謝、血糖，以及睡眠清醒週期。皮質醇也與壓力調節反應有關：當你感受到威脅時，皮質醇便會上升，它會縮減某些身體機能，然後將能量重新導向至當前最要緊的區域。當警報解除，皮質醇分泌便會回歸正常。

在懷孕期間，皮質醇分泌較為起伏不定，這是為了適應胎兒的發育。一名孕婦若不巧歷經身體上或情感上的創傷，皮質醇可能就會不正常上升，因而增加流產風險，或是對胎兒造成傷害。研究顯示，這樣生出來的嬰兒可能更容易緊張焦慮，將來患上精神疾病的可能性也會增加。

近來有研究指出，即便沒有來自外界的創傷，基因突變也可能在子宮內自然發生。雖然對於胚胎的基因組成僅會造成少量影響，但最終可能會在情感健康與身體健康方面造成顯著差異。

22

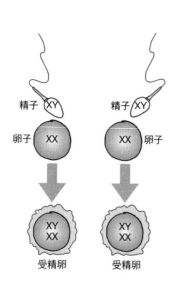

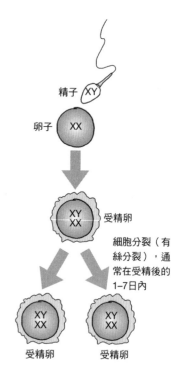

雙合子（異卵）雙胞胎
Dizygotic (fraternal) twins

受孕時擁有50%的遺傳相似性
分娩時擁有49.9%±的遺傳相似性

單合子（同卵）雙胞胎
Monozygotic (identical) twins

受孕時擁有100%的遺傳相似性
分娩時擁有99.9%±的遺傳相似性

Twins raised apart are more similar than twins raised together.

分開撫養的雙胞胎，相似度會比一起撫養的雙胎胞高。

在研究先天因素與後天因素的相對影響時，同卵雙胞胎可說是為我們提供了近乎完美的對照組。若讓雙胞胎出生後立即分開，並交由不同家庭來撫養，當我們觀察他們的心理與行為表現時，哪些是生物學因素使然，哪些是環境因素使然時，跡象都會很強烈。

有趣的是，研究指出，分開撫養的同卵雙胞胎，相似度會比一起撫養的同卵雙胎胞高。有人認為這是因為當雙胞胎一起撫養時，他們的父母會鼓勵他們培養獨有的特質與興趣（而雙胞胎本身可能也會積極尋求區分彼此）；當雙胞胎分開撫養時，就不會受到類似的訓練，於是他們本有的先天特質，就會強烈影響他們的成長。

23

出生至18–24個月	18–24個月至7歲多	7至12歲	11歲至成年期
感覺動作期 Sensorimotor	**前運思期** Preoperational	**具體運思期** concrete operational	**形式運思期** formal operational
感官式好奇；動作反應的協調；基本語言能力；建立「物體恆存」概念	自我中心；建立句法與文法；運用想像力與直覺；難以理解邏輯與抽象概念	更為社會中心；能將抽象概念與現實世界聯繫起來；理解時間、空間、數量	能進行理論性的、複雜的、抽象的思考與推論；能制定計畫與策略，並能將所學概念應用到各種情境中

Infants put things in their mouths. Toddlers put things in categories.

嬰兒把東西放進嘴裡，學步兒童把東西分類。

寶寶生來就有利用全部五感探索世界的能力。不過，佛洛伊德（Sigmund Freud）理論認為，嬰兒在生命最初的18個月裡，主要藉由吸吮或將東西放進嘴裡來獲得愉悅。然後，當他們學會語言，便開始用基模（schema）──或知識結構──來認識這個世界。例如，如果家中的四腿生物是一隻「狗」，而隔壁鄰居也有一隻，那麼對嬰兒來說，「狗」也許就能充當基模，用以理解四腿動物的概念。

隨著時間過去，孩子會開始獲得一些經驗，而這些經驗與他已有的基模並不完全相符。例如，當他們了解到，動物園裡那隻黑白條紋相間的動物並不是狗時，此時新的基模──「斑馬」──也許就會產生。

24

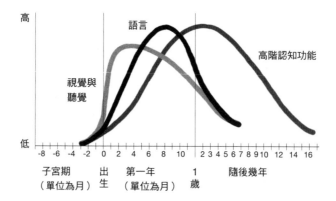

大腦神經突觸（synapse）的發育

Progression may look like regression.

進步有時可能看起來像退步。

兒童透過模仿迅速學會語言。例如，一名學步兒童可能會模仿爸爸對媽媽說：「Today we bought shoes for my feet」*。

幾個月後，這名兒童可能會說：「We buyed shoes for my foots」，這可能會讓他的父母感到氣餒。但這並不代表該名兒童的英文能力退步了；事實上，他還進步了。他已明白文法是有規則的：名詞透過加「s」變成複數，動詞透過加「ed」變成過去式。他只是還不明白有些名詞與動詞是不規則的。

＊譯註：直譯為「今天我們為我的雙腳買了一雙鞋」。此處作者以英文文法作例子，並於第二段闡明兒童如何「運用文法」，將「雙腳」的英文複數型「feet」說成「foots」，將「買」的英文過去式「bought」說成「buyed」。

25

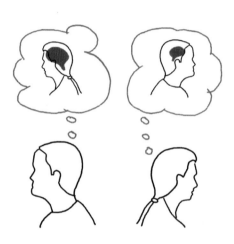

心智理論

兒童在最初的幾年裡，會以為自己的所思所想是所有人普遍共有的。也因此，學步兒童可能會用自己的雙手遮住自己的雙眼，然後覺得這樣自己就隱形了：她相信只要她看不見大家，大家也就看不見她。

最終，兒童會發展出心智理論（theory of mind）的能力，他們會理解到其他人是從不同角度體驗這個世界的，同時也會認識到其他不同的事。這很快就演變成更抽象的領悟，即意識到其他人擁有不同的欲望、動機及信念。當兒童變得更成熟，他們可能可以從他人身上察覺到一些本人並未察覺的特質：如錯誤的信念、別有用心的動機，以及深埋的情感。另外，當兒童發現自己擁有別人沒有的資訊優勢時，可能會察覺出這是說謊的好機會。

心智理論能力若適當發展，便能為同理心——也就是理解並共享他人感受的能力——打好基礎。思覺失調症患者或是其他精神疾病患者，他們的心智理論能力通常是發展不完全的。

26

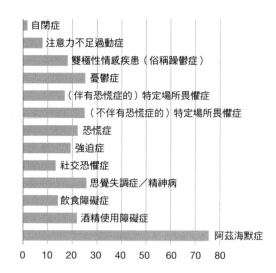

自閉症
注意力不足過動症
雙極性情感疾患（俗稱躁鬱症）
憂鬱症
（伴有恐慌症的）特定場所畏懼症
（不伴有恐慌症的）特定場所畏懼症
恐慌症
強迫症
社交恐懼症
思覺失調症／精神病
飲食障礙症
酒精使用障礙症
阿茲海默症

0 10 20 30 40 50 60 70 80

發病的平均年齡（約略值）

If you make it through your twenties, you are probably in the clear.

若能順利活過20年華，那你很可能就沒事了。

大多數患有精神疾病的人，是在他們20多歲時出現症狀的，儘管有些精神疾病要到更晚的時候才會變得顯著或使人身體衰弱。例如，囤積症患者通常至少要到35歲左右才會尋求協助，儘管他們通常在30歲前就意識到症狀的出現。許多人陳述自己的精神疾病是在10歲前發作；有人甚至4歲就出現症狀。

心理學家在對18歲以下患者進行診斷時，需受醫療倫理的限制。這是因為年輕人的心理狀態是不斷變動的，對於這樣一個發展中的個體，若是妄下診斷，將會存在很大的危險。

27

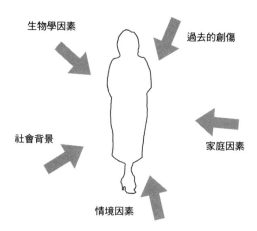

生物學因素

過去的創傷

社會背景

家庭因素

情境因素

Trauma can override innate personality.

創傷經驗可能會凌駕原本性格。

童年時期的行為，很大程度上預示了一生的性格。一個容易受驚的嬰兒，之後很有可能會成為一個內向的或憂鬱的大人。兒童若在3歲時很不受控，長大後會更有可能成為酗酒者。一個4歲兒童若能抗拒餅乾的誘惑，並願意等待以獲取更大的獎賞，那麼成年後通常也會比較有紀律。

然而，極端的創傷經驗——如監禁、折磨、戰爭、性侵、誘拐、家庭暴力——可能會凌駕決定個性的遺傳因子。這些創傷患者通常有如下陳述：長期的空虛感與絕望感、對世界抱持敵意或不信任態度、時時刻刻處於戒備狀態、終身受內疚與羞恥的纏擾，並有自我傷害的傾向。有些人即使沒有遭受長期的情緒折磨，可能也會遭受肉體上的折磨：在一項針對大屠殺倖存者的研究中，那些「感覺大屠殺似乎還在繼續」的人，更易於患上精神疾病，而那些將創傷經驗摒除在記憶之外的人，死於生理疾病的比例更高。

個體的創傷可能會造成代際影響，因為忍受這些創傷的個體，通常會與家庭及正常的社會網絡隔絕。他們的後代也許會發現，在這種環境系統下，缺乏情感上與正常生活上的支持（一般個體通常都能從中受益），將導致他們的性格始終都有某種不穩定性。

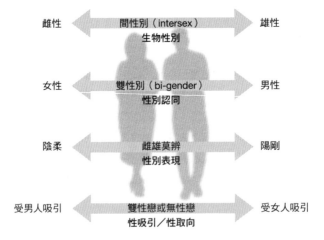

雌性	間性別（intersex） 生物性別	雄性
女性	雙性別（bi-gender） 性別認同	男性
陰柔	雌雄莫辨 性別表現	陽剛
受男人吸引	雙性戀或無性戀 性吸引／性取向	受女人吸引

此圖表參考自Jennifer Bryan、Sebastian Mitchell Barr及
性別健全中心（Center for Gender Sanity）的研究成果

As nurture failed him

後天重塑毀了他

一次拙劣的割包皮手術，摧毀了還是嬰孩的布魯斯（Bruce）的生殖器，他的父母羅納德與珍妮·利馬夫婦（Ronald & Janet Reimer）決定向約翰·曼尼（John Money，早期性別認同領域專家）諮詢。曼尼相信，性別認同很大程度上是經由後天塑造，而非由先天遺傳決定。由於布魯斯還有一位同卵雙生的兄弟布萊恩（Brian），於是，布魯斯成了曼尼用來測試理論的理想案例。

曼尼建議利馬夫婦將布魯斯當女孩來撫養。隨後，醫生們切除了布魯斯的睪丸，製作了一個粗陋的外陰部，並開了荷爾蒙藥物。回到家後，改名為「布蘭達」（Brenda）的布魯斯被穿上褶邊洋裝，並被要求玩洋娃娃。每年拜訪曼尼期間，布蘭達與布萊恩兩人被迫模擬異性間的交媾行為。這對雙胞胎7歲時，曼尼公開宣布這個案例是成功的。然而，布蘭達的行為仍保有典型的陽剛特徵。他會毆打他的兄弟布萊恩，並且會站著小便，這讓同齡人都叫他「女原始人」（cavewoman）。

布蘭達14歲時，威脅說如果再要他去拜訪曼尼，他就自殺。他的父母於是告訴他真相。隨後，布蘭達接受雙乳切除術、注射睪固酮，並做了兩次陰莖成形手術，然後改名為「大衛」（David）。後來他娶了一名女性，然而他自身的憂鬱、狂怒以及就業問題，仍瓦解了他對正常的追求。與此同時，他的兄弟布萊恩被診斷患有思覺失調症，並於36歲死於藥物過量。兩年後，大衛在他的妻子提出分居後，選擇結束生命。

29

"Trauma in a person, decontextualized over time, looks like personality. Trauma in a family, decontextualized over time, looks like family traits. Trauma in a people, decontextualized over time, looks like culture."

—RESMAA MENAKEM,
psychotherapist

「一個人的創傷，在時間推移下，將會被去脈絡化，看起來就會像是本人性格。一個家族的創傷，在時間推移下，將會被去脈絡化，看起來就會像是家族特徵。一個民族的創傷，在時間推移下，將會被去脈絡化，看起來就會像是民族文化。」

——雷斯瑪·梅納肯
心理治療師

30

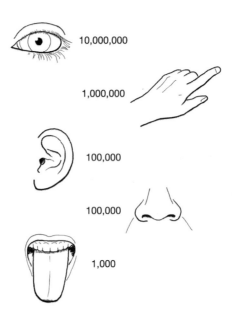

10,000,000

1,000,000

100,000

100,000

1,000

感官傳輸速率（約略值，單位為bps）

Emotions link body and intellect.

情緒橋接了身體與思維。

早期心理學家認為，「情緒」是一種認知覺察，當身體對外在事件作出反應時，情緒便會有所覺察。例如，假設這個外在來源是某種威脅，人們就會出現冒汗、心跳加速、呼吸急促等生理反應，然後便會感到「恐懼」。

然而，不同的情緒可能會伴隨著相同的生理特徵，因此僅靠生理症狀並無法解釋情緒。例如，性吸引與恐懼這兩種情緒，就擁有相同的生理症狀，像是心率增加與冒汗。這表示，在這之中，人們既有的認知框架也在起作用。事實上，情緒及其生理特徵的出現順序可以是相反的，有時甚至可以在沒有外部刺激的情況下發生。例如，對愛人的思念，可能會引發擔憂（因為他們不在身邊），這可能會引發恐懼（他們是不是出事了？），從而可能導致心率增加。

這種心智與生理的交互作用，可能會導致我們將自己的情緒錯誤歸因。在一項實驗中，一群男性走過搖晃的吊橋，心率增加的他們，會發覺協助實驗的女助理很有吸引力，而另一群站在堅實地面上、狀態平靜的男性，對這名女助理的反應則沒那麼大。研究人員認為那群走過吊橋的男性，誤將恐懼情緒當成性興奮。*

*譯註：這項實驗即是「吊橋效應」，正式名稱為「生理激發的錯誤歸因」（misattribution of arousal）。

31

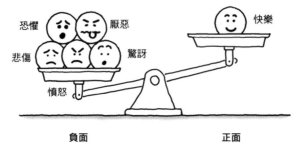

六種基本情緒

Emotions are asymmetrical.

情緒是不對稱的。

比起感覺到快樂，我們總是更容易感覺到痛苦。痛苦事件的持續時間也比快樂事件更長，並會帶來更大的心理影響，就算兩個事件強度相等也一樣。例如，研究顯示，對大多數人來說，失去50美元的痛苦會比獲得50美元的喜悅更強烈。

這種傾向與我們遠古時期的穴居記憶有關：當時，我們的遠祖必須對生存威脅更加警覺，而不是費神在「快樂」事件上。這種情緒不對稱性，有助於解釋為何現今人們總能很快適應高薪工作帶來的興奮感，但對於跟同事的小爭小吵卻可以一直鑽牛角尖。

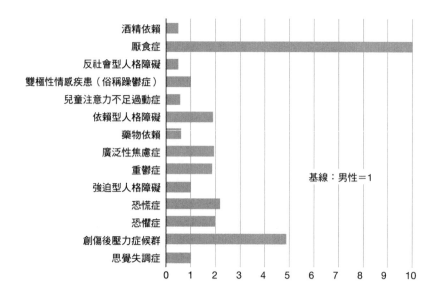

| | 0 | 1 | 2 | 3 | 4 | 5 | 6 | 7 | 8 | 9 | 10 |

酒精依賴
厭食症
反社會型人格障礙
雙極性情感疾患（俗稱躁鬱症）
兒童注意力不足過動症
依賴型人格障礙
藥物依賴
廣泛性焦慮症
重鬱症
強迫型人格障礙
恐慌症
恐懼症
創傷後壓力症候群
思覺失調症

基線：男性＝1

女性發病率（相較於男性）

Men and women are equally emotional.

男性女性皆是情感動物。

相較於男性，女性更有可能將她們的痛苦內化，表現為焦慮或憂鬱。而男性則更有可能將他們的痛苦外化，表現為侵略行為以及其他與衝動控制（impulse control）有關的問題。

33

Extroverts are less responsive.

外向者對外部刺激的反應較低。

外向者看起來似乎總是充滿活力，並且高度參與身周事物。不過，與預期相反的是，外向者的大腦對外部刺激的反應，並沒有內向者的大腦來得敏感。

外向者與內向者之間的差異，從剛出生時就能夠察覺，儘管這種差異的展現方式並不總是符合人們預期。在一些研究中，有些嬰兒對於環境刺激（例如嬰兒床上方會動的吊掛玩具）的反應可能較為溫和，而其他嬰兒則可能有更活潑的反應。不過，那些較為安靜的嬰兒，長大後易於成為外向者，而那些更好動的嬰兒，之後則易於變得更為內向。研究人員提出理論，認為安靜的嬰兒對溫和刺激是不為所動；他們需要更高強度的刺激才會投入其中。成年後，他們會主動尋求充滿活力的環境。而那些對溫和刺激有強烈反應的寶寶，可能因為是對這些刺激感到不安；成年後，他們會主動尋求更安靜的環境，避免分心與不適。

34

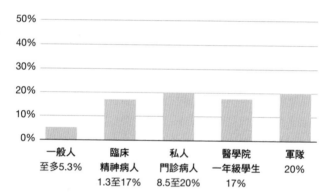

自戀型人格障礙預估盛行率

資料來源：Elsa Ronningstam, PhD, "Narcissistic Personality Disorder: Facing DSM-V," *Psychiatric Annals*, March 2009

Male: narcissistic ≈ female: histrionic

男性：自戀型人格 ≈ 女性：做作型人格

自戀型人格與做作型人格皆愛搏取關注。自戀型人格自私、自我膨脹、對他人漠不關心，不過在一段關係剛開始時，他們為了吸引對方，有可能會表現出乖順或具有同理心的樣子。做作型人格會藉由戲劇化的表現搏取關注，具有如下特徵：情緒浮誇、愛演、措辭花俏、易發笑、輕佻、善變。

從許多方面來說，自戀型人格障礙（NPD）是男性典型行為的誇張化表現，做作型人格障礙（HPD）則是女性典型行為的誇張化表現。不過，這兩種障礙在男女中都能發現。那些被診斷為自戀型人格障礙的人，幾乎有75％為男性，而做作型人格障礙在男女中的發生率，則是幾乎相等。

35

男人是不是都比
女人搞笑啊？

對啊，他們裸體時
最搞笑。

Men are "funny."

男人都很「搞笑」。

研究顯示，大多數人認為男人比女人搞笑：同一個笑話，若說是由女性創作的，我們可能覺得還好，但若說是由男性創作的，我們似乎會覺得更有趣。這可能是一種光環效應（halo effect），也就是說，一旦我們對某人（或某一性別）有了某種積極的初始印象，便會賦予這些人額外的積極特質，即使他們其實並不應得。

36

欸，他們都能送一個男人上月球了，那他們全都一起去不就好了？呵！

你這是歇斯底里症。

Women are "hysterical."

女人都很「歇斯底里」。

hysteria／歇斯底里一詞源於希臘文「hysterika」，即「子宮」之意。在古希臘時期，男性醫生認為子宮的缺陷可能導致各種過當表現，諸如焦慮、昏厥、失眠、性侵、情緒失態等。

這種觀念持續了好幾世紀。在維多利亞時代，醫生對女性施以骨盆按摩來誘導性高潮，並藉此「重建」她們的心理健康。在1880年代，J·莫提梅·葛蘭維爾醫生（Dr. J. Mortimer Granville）發明了機械式震動器，這也讓男性醫生們得以從繁重的勞動中解放。他的這項發明仰賴大型發電機供電，因此最初只能安裝在醫生的辦公室裡。隨著時間過去，這項設備經過改良並且小型化，最終得以流入民間。

到了20世紀，「hysteria／歇斯底里」一詞失去了與子宮相關的含義，而成了用於描述某人長時間處於情緒失控狀態的詞彙。不過，要到1980年，美國精神醫學協會（American Psychiatric Association）才將歇斯底里性精神官能症（hysteria neurosis）從《精神疾病診斷與統計手冊》（*Diagnostic and Statistical Manual of Mental Disorders*）中刪除。

37

壓抑	發洩	情感揭露
盡可能在保持平靜的狀態下，把負面情緒壓下來	讓負面情緒「奔射」而出，表面上似乎能藉此將這些負面情緒從體內清除	用更為縝密的方式處理情緒，以獲得更為理性的觀點

Venting makes us angrier.

發洩情緒只會讓你更生氣。

生氣時，我們可能會想大叫或丟東西，以為這是「排解」的最佳方式。若事後感覺有比較好，我們可能會覺得心情之所以恢復，一定是因為發洩的關係。不過研究顯示，發洩往往會進一步升高我們的怒火，並延緩我們回歸情緒基線（emotional baseline）的時間。而當我們終於冷靜下來時，本來的問題還是在，並沒有因發洩而減少，有時我們甚至還得處理發洩後的爛攤子。

38

"Allowing our anger to fester creates the perfect environment for anger to turn into hate, and that is not okay. The best thing we can do is be honest about how we are feeling."

——NEDRA TAWWAB,
mental health therapist

「若放著我們的憤怒情緒不管，那就是為其打造完美溫床，讓憤怒轉化為仇恨，這樣很不OK。最好的方式，就是坦然面對自己的感受。」

——內達拉‧塔瓦布
心理健康治療師

39

年齡	核心困境／危機	理想德行
0–1½	信任vs.不信任	希望
1½–3	自主vs.羞怯與懷疑	意志
3–5	主動vs.罪疚	決心
5–12	勤奮vs.自卑	勝任
12–18	自我同一性vs.角色混亂	忠誠
18–40	親密vs.孤獨	愛
40–65	愛心關懷vs.頹廢遲滯	關懷
65+	自我統整vs.悲觀沮喪	智慧

艾瑞克・艾瑞克森（Erik Erikson）的人生八階理論

The central task of adulthood is integrity.

成年期的中心課題是「自我統整」。

在成年期早期，我們所面臨的主要挑戰，是與我們的原生家庭作出區別。當我們繼續邁進，我們會決定生活風格、職業與家庭，這將是維持穩定的成年生活所不可或缺的：我們工作、照顧所愛之人，並且為社群做出貢獻。

在成年期晚期，我們最大的鬥爭，源於我們對生命中各種抉擇的反思。心理學家艾瑞克·艾瑞克森（Erik Erikson）將這種鬥爭定義為「自我統整vs.悲觀沮喪」。那些擔憂自己的抉擇不夠好的人（例如過度追求物質上的成就，而忽視與家庭及社會的聯繫）很有可能感到悲觀沮喪。而那些相信自己的生活過得很好的人，可能會在老年時感到安康與滿足。

40

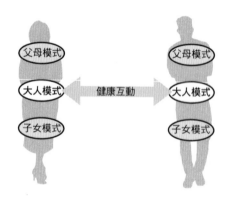

此圖表參考自醫學博士艾瑞克‧柏恩（Eric Berne, M.D.）的
人際溝通分析模型（Transactional Analysis）

Be an adult.

當個大人。

大人最好表現得「像個」大人。大人在行為舉止上應理性、真誠、有禮；對待其他
大人時應一視同仁；要以建設性、富有同理心的方式解決分歧。然而在面對衝突
時，我們很容易掉入一種不健康的「父母vs.子女」模式，從中我們可以看到有如
親子對抗關係般的誇張化表現。父母角色通常表現為強大、無所不知、專橫跋扈、
恃強凌弱、優越自居；子女角色則表現為脆弱、無知、沒安全感、屈居下位。這樣
的溝通模式是階級關係，而非對等關係，是操弄他人，而非公平與理性。

以**父母模式**（Parent mode）的態度優越自居的人，通常期待對方能以**子女模式**（Child
mode）回應。自覺受他人迫害的人，可能會掉入子女模式，他們會將自己的處境怪
罪於他人，並要求對方好好解決，從而將冒犯的一方定義為父母。有時，雙方都會
進入父母模式，將對方都當子女來對待；這樣往往只會導致令人挫敗的僵局。

在正確合宜的**大人模式**（Adult mode）中，我們不會迫害他人或自覺是受害者。我們
不會在對方心中種下恐懼，也不會將自己的處境怪罪於他人。我們不會設置語言陷
阱，也不會話中有話。我們會接受他人觀點，並以同情心回應。我們有足夠的安全
感，能夠承認自己的缺點，並且知道衝突的發生自己也有責任。

41

反社會者／精神病態者　　　　　精神官能症患者

← 太自我導向　　　　　　　　　太他人導向 →

你是太愛負責還是不夠負責？

精神官能症（neurosis）：患者傾向為自己的行動攬下過多責任。他們會反覆自問過往的所做所為，並會去想要是當初採取不同的行動，是否就會有更令人滿意的結果。而在思考未來行動時，他們對於做錯決定的恐懼，可能會導致「分析癱瘓」（paralysis by analysis）而什麼都做不了。然而，由於精神官能症患者太愛為自己攬責，因此他們也更樂於與臨床心理學家建立治療關係。

性格障礙（character disorder）：患者傾向為自己的行動卸下過多責任。他們可能做事輕率、衝動，並且毫無同理心。他們不太會反省，而且幾乎不會尋求治療。自戀型人格、精神病態者以及反社會者，都是這類性格障礙患者。

42

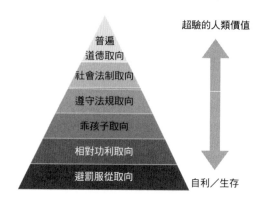

超驗的人類價值

普遍
道德取向
社會法制取向
遵守法規取向
乖孩子取向
相對功利取向
避罰服從取向

自利／生存

此圖表參考自勞倫斯・柯爾柏格（Lawrence Kohlberg）的道德發展階段理論（1958）

A moral person values law and order. A very moral person might not.

有道德的人重視法規，但更有道德的人也許不會。

勞倫斯‧柯爾柏格（Lawrence Kohlberg）以尚‧皮亞傑（Jean Piaget）的兒童發展模型為基礎，建立了一套道德發展模型。柯爾柏格假設，隨著個體的長成，他們會歷經越來越複雜的階段，並在這些階段中對付道德困境、區分是非對錯。

較低的階段主要發生在童年，目標是學習社會規則、避開懲罰，並且適應社會。大多數成年人會進到第四階段，在這個階段，他們會尋求社會中正式的法律途徑來解決道德問題。在更高的階段中，人們會追求符合人類普遍需求與願望的道德觀，而這可能會與社會規範相衝突。

43

Guilt is productive. Shame is wasteful.

內疚是有效益的，羞恥是無謂的。

內疚是指你對自己的行為有種差勁的感覺。你因為不當行為而心生內疚，其實這也是告訴你，你本質良善，你是能區分是非對錯的。內疚可能促使你去安慰那些被你傷到的人，去修復你所造成的傷害，或讓你以其他適當的方式進行彌補。

羞恥是指你對自己有種差勁的感覺。羞恥通常不會促使人們積極修復問題，而是會讓人不敢直視自己，並退回自己的殼，鮮少對外敞開。當內疚累積過多而不加以處理，就會變感羞恥：例如，當我們做錯事感到內疚，我們忽視它；當我們又做了另一件錯事，我們又再次忽視它；最終，我們不只對自己的罪行感到差勁，也會覺得自己很差勁。

44

如何道歉

1 **不要一味採取行動；請先靜下心。** 不要急著說「對不起」；這不是最要緊的事。相反，我們應該要仔細聆聽，去理解對方是如何受到傷害的。不要去解釋你的行為或意圖，或是反過來指控對方。

2 **說出「我對我的所做所為感到抱歉」，記得要發自真心。** 為你的行為道歉，也為給對方造成的影響道歉。不要「道歉得不乾不脆」，別說「對不起，但……」或「如果傷到了你，對不起」。

3 **做好做滿。** 對你的行為及其所造成的傷害負起全責，並採取明確的步驟讓事情回歸正軌。我們應詢問對方有什麼是我們能做的，但除了被動地照著對方的需求行事，我們同時也應主動尋求其他可能的修復方案。

4 **永不再犯。** 要是你不痛改前非，那道歉就毫無意義。請制定計畫，防止傷害性的行為再次發生。把握這個機會，讓你們的關係變得更茁壯。

感謝莫莉·豪斯（Molly Howes）*

＊譯註：莫莉·豪斯為哈佛臨床心理學家，著有《好好道歉：有效道歉的四個步驟》（*A Good Apology: Four Steps to Make Things Right*）

45

刺激
外部來源

感覺儲存
大腦極短暫地留住
初步的感覺印象

短期記憶
在刺激中斷後，
能夠留有大約
7個資訊片段。

未複習
記憶將被丟棄
／遺忘

檢索／回憶
可能是永久性的

長期記憶
可容納的資訊量
無限大

複習
重溫或增強記憶

You forgot the name of the person you just met because you didn't rehearse it.

你會忘記新朋友的名字，那是因為你沒有「複習」。

在接收新資訊時，大多數人的心智能夠留住5至9個資訊片段。但若這項新資訊未被使用或未再重現，那麼很快就會遺落。複習新資訊，便是在訓練我們的心智，讓我們的心智覺得這項新資訊是重要的，並將其儲存在長期記憶中，這能增加之後回想起來的可能性。有理論認為，在事故中失去知覺的人，之所以通常會對發生的事沒有印象，是因為他們沒有機會在心中「複習」。

46

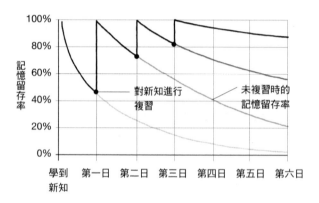

赫曼・艾賓浩斯（Hermann Ebbinghaus）的遺忘曲線

Interruption aids memory.

中斷有助於記憶。

重複的體驗──例如寶寶聽見母親的聲音──會告訴大腦某事很重要，必須記住。不過，令人驚訝的是，「中斷」其實也有助於記憶。心理學家布盧瑪‧蔡格尼克（Bluma Zeigarnik）與寇特‧勒溫（Kurt Lewin）發現，餐廳服務生對於尚未結帳的單，有著出色的記憶力；事後，他們很快便會將其忘卻。勒溫的理論認為，尚未完成的任務會建立一種「認知張力」（cognitive tension），會提高記憶的存取。一旦任務完成，張力減輕，這些不再需要的記憶便會被丟棄。

這也許解釋了為何那些靠「臨時抱佛腳」通過考試的學生，考完後總是比那些平常有準備的學生忘得更多；也解釋了為何那些中斷學習並從事無關活動的學生，會比那些學習不間斷的學生記得更好（McKinney 1935; Zeigarnik 1927）。

47

Forgetting makes the mind more efficient.

遺忘讓心智運作更有效率。

有些研究者認為，其實大家誤解了記憶的用途：記憶的目的，並不是要讓我們在事過境遷後，將當時所接收的資訊完美還原；其真正目的，是要促使我們能夠做出更長遠、更聰明的決策。而我們記憶力的不完美，便有助於達到這項目的：如果說，我們的記憶是完美而精確的，我們會發現，這樣充滿細節的記憶，很難讓我們學到什麼能夠用於未來的教訓。例如，我們或許會記得幾年前差點被車撞到，但很多細節都忘了。這反而能讓我們記取最重要的教訓：過馬路時左右多看兩眼。

當記憶內容過分詳細，可能會導致僵化的或令人疲弱的思維模式，這將限制人們的適應性與成長性，就像我們常在創傷後壓力症候群患者身上看到的。

48

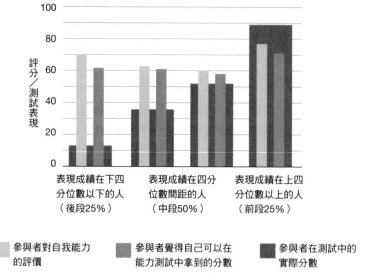

100

80

評分╱測試表現

60

40

20

0

表現成績在下四
分位數以下的人
（後段25％）

表現成績在四分
位數間距的人
（中段50％）

表現成績在上四
分位數以上的人
（前段25％）

參與者對自我能力
的評價

參與者覺得自己可以在
能力測試中拿到的分數

參與者在測試中的
實際分數

對能力的自我知覺vs.現實世界中的表現

資料來源：J. Kruger, and D. Dunning, "Unskilled and unaware of it: How difficulties in recognizing one's own incompetence lead to inflated self-assessments," *Journal of Personality and Social Psychology* 77, no. 6 (1999): *1121–34*

People who aren't smart can't tell.

不聰明的人不知道自己不聰明。

評價自我能力時，如果是那種肉眼可見的能力，如編織、撞球、運球等，大多數人給自己的評價通常比較實際。不過對於那種更抽象的、更需智力的能力，如問題分析與邏輯推理能力，我們通常會是自己最拙劣的評判者：能力卓越的人傾向低估自己，能力低下的人傾向高估自己。就後者來說，他們之所以誤判，是因為如果他們本就不擅長某事，那他們也就缺乏相關判斷能力，無法看清自己其實並不擅長。

49

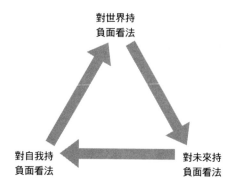

對世界持
負面看法

對自我持
負面看法

對未來持
負面看法

亞倫・貝克（Aaron Beck）的
認知三角（cognitive triad，或稱「負向三角」〔negative triad〕）

Depressed people are realistic.

憂鬱的人比較實際。

早期的理論斷定，憂鬱的人會對自己抱有不準確的負面看法。更近期的研究則發現，這些人對自己缺點的評價往往相當準確。研究還表明，快樂的人在這方面恰恰相反：他們往往把自己想得比實際上更好。

英國心理學家理查‧班托（Richard Bentall）提出，其實快樂可以定名為「主要情感疾患：愉悅型」（major affective disorder, pleasant type）。他認為快樂符合大多數精神障礙的標準：快樂在統計上是異常的（快樂的症狀及快樂造成的認知異常，在統計上顯示為離散型集群〔discrete cluster〕），並且可能牽涉到中樞神經系統的功能異常。班托也預想到了反駁觀點，即快樂不能被視為是一種精神障礙，因為它不被認為是負面的。而他的預防性回應是，若我們因為價值判斷而摒除其他可能的觀點，這樣很不科學，因為科學必須是價值中立的。

班托並非真的認為快樂是一種精神疾病；相反，他想表明的是，當我們要界定與診斷精神障礙時，不做價值判斷是不可能的。

50

"To be stupid, selfish, and have good health are three requirements for happiness, though if stupidity is lacking, all is lost."

——GUSTAVE FLAUBERT

「愚蠢、自私、健康，是快樂三要素，不過如果缺乏了愚蠢，那麼一切白搭。」

——古斯塔夫·福樓拜

51

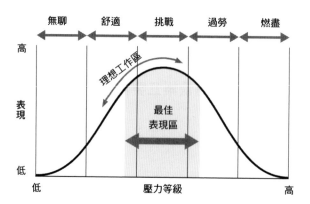

Some anxiety is good.

有點焦慮，是好事。

焦慮是正常的，甚至是有用的。它能警示危險，或是激勵我們完成事情。事實上，當我們感到有點焦慮時，我們的表現往往會提升。但若我們對於任務過於焦慮，可能會失去專注力並表現不佳。

一個人若持續感受到頻繁的、強烈的焦慮，那麼可能患有疾患。而那些不會感受到焦慮的人，也可能患有疾患：不會焦慮，可能表明了這個人冷靜、自信的性格，但也可能是他對凡事都提不起勁或患有憂鬱症。那些從未感受到焦慮的人，可能在情感上較為麻木，並有過度冒險的傾向。

52

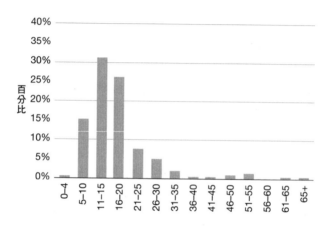

你第一次感受到表現焦慮（performance anxiety）是在幾歲時？

資料來源：網站composeddocumentary.com做的「2015年音樂家健康調查」
（2015 Musician's Health Survey）

Perform difficult tasks in isolation and easy tasks in front of others.

獨自一人時做困難的事，有他人在時做簡單的事。

當我們從事能力範圍內的事，我們的表現通常會在焦慮上升時增強：學生會在作業繳交期限將近時埋頭苦幹，以更高效的方式完成報告；歌手在觀眾面前可能可以飆出更厲害的高音；運動員在熱情觀眾加油下，能在重要的錦標賽中做出神勇表現。

當我們從事能力範圍外的事，我們的表現通常會在焦慮上升時減弱：學生如果並不理解自己正在研究的東西，那麼當作業繳交期限快到時，他的報告品質勢必下降；演員如果沒有充分研究好台詞，那麼她的表演將會比平常糟；運動員若要在關鍵時刻做不熟悉的動作，那麼很有可能失敗。

53

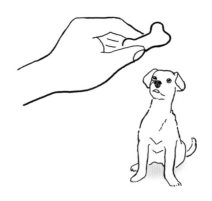

如何訓練寵物

捕捉動物的行為。獎賞動物已展現的行為,讓行為逐步建立。例如,如果你注意到你的狗狗即將打噴嚏,趕快下達「打噴嚏!」的指令,並立即獎賞狗狗。最後,狗狗便可能在你的指令下打噴嚏。

從小處開始,逐步建立。若想教會寵物複雜的行為,可以先從獎賞牠比較簡單的行為開始,接著讓獎賞的行為越來越複雜、越來越接近原本期望牠們做的複雜行為。

不要每次都獎賞。如果你是有時才會獎賞動物的行為,那麼牠們就不會習慣每次行為後都會獲得獎賞,並且更有可能在沒有獎賞的情況下執行動作。

持續時不時給予獎賞。即使動物已完全學會某項行為,也要時不時獎賞牠。如果狗狗做某項行為時一直沒有獲得獎賞,長期下來牠將會失去動力。時不時給予獎賞並表示贊許,能讓你的寵物持續將「執行行為」與「帶來好結果」連結在一起。

54

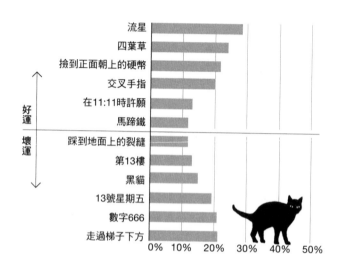

好
運

壞
運

流星
四葉草
撿到正面朝上的硬幣
交叉手指
在11:11時許願
馬蹄鐵
踩到地面上的裂縫
第13樓
黑貓
13號星期五
數字666
走過梯子下方

0% 10% 20% 30% 40% 50%

有迷信觀念的受訪者百分比

資料來源：數據分析公司YouGovAmerica針對1,000名美國人做的網路調查，2022年4月26日至30日

Superstition results from inadvertent reinforcement.

迷信源自我們不經意的增強作用。

當發生好事或壞事時，我們可能會將其與同一時間發生、但並不相關的事連結在一起。一名學生可能會將考試考好歸因於有穿藍T恤，然後以後每場考試都穿它。棒球打者擊球前輕敲本壘板三次，然後成功擊球，他可能就會覺得輕敲本壘板有用。這類聯想其實都是**幻覺相關**（illusory correlation）現象，即錯將個別事件視為是相關的。我們常會僅僅根據單一事件而做出這樣的概括。

行為主義心理學家B‧F‧史金納（B. F. Skinner）認為，鴿子的行為方式與人類的迷信很像。他在實驗中定時提供鴿子食物，如果食物正好在牠們咕咕叫或是歪頭時提供，那麼鴿子就會再次咕咕叫或歪頭以獲得更多食物，即便這些行為與供食之間並無實際關聯。

55

量級
Magnitude

獎的大小

效價
Valence

獎的重要性

期望
Expectancy

達成的可能性

外在動機的組成

Rewards can backfire.

獎賞可能導致反效果。

當我們提供外在獎賞，比如報酬或冰淇淋，來鼓勵某人從事他原本就樂在其中的活動，那麼可能會逐漸削弱他對這項活動的內在動機。他們可能不會再從過程（練鋼琴或在學校拼成績）與結果（精通一項技能）中獲得愉悅，反而會減少努力，並將注意力轉向等在前方的獎賞。

同樣地——也許該說相反的是——懲罰有時反而會助長它原想遏止的行為。在一項研究中，我們看到有些父母去托育中心接孩子常會遲到，為此，托育中心祭出遲到費，試圖遏止這種行為。然而結果是，遲到接孩子的父母變得更多了。托育中心的這項遲到政策，無意間讓父母們找到開脫：因為付了遲到費，所以遲到是可以的。

56

滿足化者
satisficer

・做出還不錯的決策
・不過分糾結各種選項
・做好決策後起身行動
・更容易對結果滿足

極大化者
maximizer

・試著做出完美的決策
・徹底考慮各種選項
・做好決策後仍放不下
・更容易對決策後悔

The more options, the more disappointment.

選項越多，失望越大。

大多數人面臨決策時，能同時掌握的選項大約是七個。當更多選項加進來時，我們往往會感到困惑與挫敗。過於龐大的選項數量，特別容易引起焦慮，因為我們可能會相信，擺在眼前的選項中，一定有一個是最完美的。害怕選錯的恐懼如此大，即使我們做了出色的或還不錯的選擇，也會無法享受其中喜悅。而當我們做好決策，只要我們感到一點點失望，可能就會開始想像，要是當初做出不同選擇，也許能讓人更滿意。

57

"If people go through life looking for good enough results, the choice problem will take care of itself. Go through your day getting a good enough cup of coffee and a good enough toasted bagel and so on and so on and life will look much sunnier."

———BARRY SCHWARTZ,
psychologist

「生活中，如果人們願意追求還不錯的結果，那麼所有的抉擇難題都會自己找到出路。每天喝一杯還不錯的咖啡、咬一顆還不錯的烤貝果，諸如此類的，你的生活將因此更加燦爛。」

———貝瑞‧史瓦茲
心理學家

麥凱拉 · 瑪羅妮（McKayla Maroney）
2012倫敦奧運女子跳馬銀牌得主

Bronze beats silver.

銅牌完勝銀牌。

我們在比賽過後獲得的快樂，不只與我們的表現本身有關，也與我們覺得表現「是否有可能更好／更差」的心態有關。有人針對奧運獎牌得主的面部表情進行研究，發現季軍往往展現出比亞軍更多的快樂。銀牌得主可能會糾結於與金牌擦肩而過的瞬間，而銅牌得主想的可能是：幸好那時有拚上，不然就得空手而歸了。

59

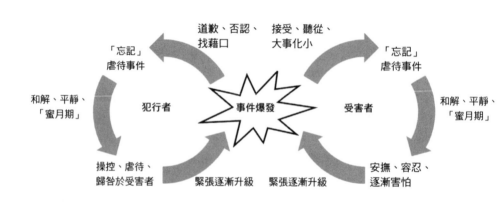

虐待循環

Abusers find people who don't weed out.

施虐者會找上趕不走他的人。

沒有人是活該遭受虐待的，也沒有人應要承受這一切。然而，人們若在童年時期遭受虐待，長大成人後，可能會無意間助長虐待。他們會容忍新朋友、夥伴、同事的不當態度，任由他們輕視、貶低、操弄自己，這是因為童年時期的影響依然存在，他們很熟悉這種情境，並認為這是正常的。這可能會為施虐者打開大門，讓他們做出更過分的行為。同樣地，施虐者往往認為自己的行為是正常的或有理的，並會找上那些對他們接受度較高的人。

童年時期未遭受虐待的人，長大後似乎更能趕走施虐者──不一定是因為他們眼睛特別雪亮，比較可能是他們覺得這些人不重要、無趣，而且很煩。

60

老兄，你得拋開那個模型！現實並非二元對立，現實充滿灰色地帶！

妳說模型一定要完美，不然就不能用，不也是一種二元觀點嗎？

We understand reality better when we leave parts of it out.

去掉部分現實，能讓我們更理解現實。

尋常可見的道路地圖，反映的並非百分百現實，它是一種將現實簡化的「模型」。地圖之所以好用，正是因為它這種不完美的、選擇性的呈現方式：如果地圖將一個地方的地景全都準確呈現，那麼對於想要穿越該地的人來說，這張地圖的使用價值並不高。

語言同樣是一種模型；它以一種不完美的方式捕捉現實。例如，「藍色」這個字眼，實在不足以完美傳達某個藍色物體的顏色；而這個物體的實際顏色，也難免會比我們心中所想的「藍色」更淺或更深，更綠或更紅。但這無損於「藍色」作為模型的價值；要是少了這類「不完美的」的描述詞彙，我們還有辦法對事物進行描述嗎？

那些自認無所不知的人，之所以會看不慣模型的缺點並棄若敝屣，可能是因為他們搞錯重點了。他們可能認為，當某人提出一個模型時，就是在主張這個模型是現實的百分百反映，然而實際上，模型其實只是一種用來觀察現實的濾鏡。他們可能也誤以為，贊同並接受一個模型，就意味著要貶低或否定其他所有模型。一個物體可以是藍色的，但也可以同時是長的、重的、光滑的，並且是略帶綠色的。每一個不完美的模型都讓我們更接近對整體的理解，而那種只是一味追求完美與全面的模型是無法做到這點的。

再現性
Replicability

這個實驗是否能讓其他人
重複執行並得到相同結
果？

效度
Validity

這個實驗是否測量到它預
期會測量到的內容？*

＊譯註：圖中的報告書，是1928年至1932年在美國伊利諾州的霍桑工廠進行的「霍桑實驗」（
Hawthorne Study），其所得出實驗成果即為「霍桑效應」（Hawthorne effect）──當被觀察者知
道自己成為觀察對象後，進而改變行為傾向的效應。

The cause might be the effect.

「微笑」與「好人生」互為因果？

當我們微笑時，顴骨肌肉（zygomatic muscles）會拉起嘴角。這些肌肉很容易透過意志來控制，讓我們得以「假笑」──讓我們即使沒有多開心，也能表現出開心的樣子。比較真的微笑，也就是杜鄉的微笑（Duchenne smile），則源於真正的快樂。快樂會讓我們眼周的眼輪匝肌（orbicularis oculi）不由自主收縮。

在一項經典研究中，研究人員分析了141名女性在大學年鑑中的微笑，並持續追蹤她們30年。那些在年鑑中展露出杜鄉的微笑的人，比起那些笑得不那麼強烈或硬擠出笑容的人，往往活得更長久、較少離婚，並展現出更強的整體幸福感。另一項針對棒球卡球員照片所進行的研究也得出了類似結論。

更近期的研究則發現，有人能夠憑意志來觸發眼輪匝肌，這也叩問了長期以來人們對杜鄉的微笑的認知。此外，那些大學年鑑學生與棒球卡球員，他們更加成功的人生際遇，究竟是因為他們自然展露的微笑？還是因為拍照當時他們就已經活得比同儕好？這到現在並無定論。如果他們當時就已經活得更好，那他們的確更有可能展露出真切的微笑，而他們的好狀態，或許也為他們往後的成功人生取得先機。

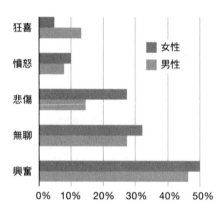

衝動購物者的心智狀態

資料來源:網站Creditcards.com於2014年12月針對1,000名美國成人做的調查

Put space and time between expense and experience.

消費心理：在「花錢」與「實際體驗」之間創造喘息空間。

當我們為某項產品或服務付錢時，其所活化的大腦區塊，與我們對痛苦有所預感的區塊是相同的。因此，商業活動通常會在「付錢的痛苦」與「得到的回報」間創造距離。例如，主題樂園與度假勝地通常會祭出促銷方案與折扣，鼓勵消費者預先支付。當消費者開始體驗服務時，花錢的不適感已平息，人們將更能樂在其中。諷刺的是，在這樣的體驗中，人們更有可能花更多錢在升級、紀念品與點心上。

63

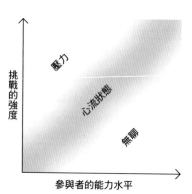

Time is malleable.

時間具有延展性。

亞伯特‧愛因斯坦（Albert Einstein）表明，時間的流逝速度，取決於物體的行進速度及其與引力中心的距離。在日常生活中，時間的速度變化微乎其微，不過對全球定位系統GPS來說就有直接影響。一顆繞地球軌道運行的GPS衛星，由於距離地球的引力中心較遠，因此運行速度必須要比地表的旋轉速度快，才能維持在同樣的相對位置。也因此，衛星上的時鐘每天都會比地表上的時鐘慢上大約0.000038秒。GPS系統會持續校正這種誤差，以免在用戶端出錯。

對於我們這群生活在地表的人類來說，時間的流逝速度都是相同的，然而我們對時間的感知卻不盡相同。當我們全身心投入某項活動時，可能就會出現心流體驗（flow experience），此時我們對時間的感知便會改變。例如，許多優秀的美式足球跑衛或籃球員都曾描述說，當他們在比賽中處於巔峰狀態時，時間似乎也變慢了。當一名藝術家或工匠沉浸於他們的新作品時，數小時的時光對他們體感來說可能只像過了幾分鐘，或說他們的狀態如此流暢，讓他們能用更少的時間完成數小時的工作量。

當我們的工作似乎難以在時限內做完，此時若跑去幫某人做件好事，那麼壓力便能緩解。當然，客觀來說，你的時間因此更緊縮了，但卻也創造出一種時間還很充裕的感覺，這會讓人信心大增、充滿幹勁，得以在時限內完成緊急任務。

"Time is relative; its only worth depends upon what we do as it is passing."

——ALBERT EINSTEIN

「時間是相對的；時間流逝，唯有當我們在其間做了些什麼，時間才具有價值。」

——亞伯特・愛因斯坦

65

Meditation doesn't clear the mind; it focuses the mind.

冥想不是要你腦袋放空，而是要你心緒集中。

冥想是要我們將心緒緊緊駐留於某件事或某個概念上，例如專注於呼吸。冥想時若出現雜念，我們會意會到並承認它，然後不帶論斷地將注意力拉回原本專注的事物上。

藉由這種轉移雜念的練習，我們在日常生活中將更能辨認出什麼是有用的，什麼是無用的，並能加以駕馭，從而提高生產力，人也會變得更加安康。

66

法律上不承認精神異常抗辯（insanity defense）的美國諸州

Insanity is a legal, not psychological, term.

精神異常是法律術語，而非心理學術語。

心理學家不會將患者診斷為「精神異常」（insane），這個字眼也並未收錄在美國精神醫學協會（American Psychiatric Association）的《精神疾病診斷與統計手冊》（*Diagnostic and Statistical Manual of Mental Disorders*）中。「精神異常」這個概念，是法院用來鑑別一個人有罪還是無罪用的。當被告無法區分是非對錯、無法區分幻想與現實，或是被告因為精神病或缺乏衝動控制能力而無法正常行為時，便能用「精神異常」來描述這類情狀。

67

負性症狀
・難以開啟計畫，在說話、
　情感表達方面有困難
・思維與言語能力失調
・難以進行邏輯思考
・注意力與記憶力存在缺陷

正性症狀
・幻覺、會聽見聲音
・偏執性妄想
・誇大的或扭曲的知覺
・異常的行為或動作

對藥物治療
反應較差

對藥物治療
反應較好

Schizophrenia isn't multiple personality disorder.

思覺失調症不等於多重人格障礙。

患有思覺失調症的人往往難以區分現實與虛幻。研究指出，這源自於**感覺門控**（sensory gating）機制的缺損——這種機制能幫助正常人篩掉周邊刺激，專注在當前最重要的事情上。在雞尾酒會上，大多數人可以輕鬆忽略閃爍的燈光或附近的交談聲，然而思覺失調症患者可能會感覺被轟炸。這或許可以解釋為何患者常會「聽見聲音」：一個健康的人能辨識出自己的「內心聲音」，知道這是自己的思維；然而思覺失調症患者可能難以將內心聲音與其他無數的刺激區分開來，因而對聲音來源感到混淆。

68

血清素
Serotonin
穩定情緒、安康感、快樂感；
有助於睡眠、進食、消化

多巴胺
Dopamine
愉悅感；激發大腦的獎賞系統

腦內啡
Endorphins
減輕疼痛感、起到鎮靜作用、
幫助放鬆；產生「跑者嗨」
（runner's high）

催產素
Oxytocin
人際連結、愛、信任；亦在女
性生殖系統中起到關鍵性的調
控作用

Drugs are impersonators.

藥物是全能模仿王。

百憂解（Prozac）、利他能（Ritalin）及其他類似藥物之所以有效，是因為它們與大腦自然產生的化學物質相似。大腦中用來接收百憂解與利他能的受體，原本就是設計來接收血清素與多巴胺用的。

69

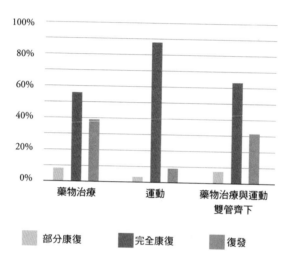

憂鬱症治療10個月後的臨床狀況
資料來源：*Psychosomatic Medicine: Journal of Biobehavioral Medicine*

Exercise beats Zoloft.

「運動」完勝抗憂鬱藥物

在2000年時，杜克大學的醫師麥可‧貝比亞克（Michael Babyak）將一群臨床憂鬱症患者招進一項研究之中。當中有些人被開了抗憂鬱藥物「樂復得」（Zoloft）；第二組人被開了運動處方；第三組人則同時接受這兩種處方。剛開始的四個月，那些只進行運動治療的人，與那些只服用精神科藥物的人，兩者從憂鬱症中康復的可能性相同。又過了六個月，運動者的康復狀況甚至比服用樂復得的人更好。

不同組別的受試者，對於自己的治療產生了截然不同的觀點。儘管所有人都有遵循處方，但那些透過藥物療程改善的人，傾向於將自身的改善——甚至是自身的憂鬱——歸因於外在的不可控因素。而那些運動者則傾向於將自身的改善歸因於內在源頭——也就是他們自己。樂復得治療患者；運動讓患者奪回自己。

We read a wrod as a whole, not eahc letter by itslef.

我們讀句子是整句理解，而不是逐字去讀。

我們的心智在處理資訊時，並不會將個別的資訊片段分開辨識，而是會去找尋更為整體的模式。當心智接收到殘缺的資訊時，會自然地去填補缺漏或進行校正，使其能夠符合我們原先的經驗、既有的知識結構，以及對情境的期望，進而形成整體的理解。心智的運作方式，跟點描派畫作的判讀邏輯很像：欣賞點描派畫作時，我們之所以能偵測到圖像，是因為我們會去理解畫中的點點如何在整體上形成圖像，而不是試圖去理解每個點點的意義。

71

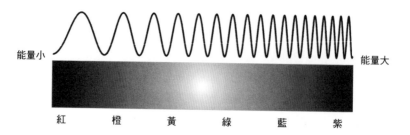

能量小　　　　　　　　　　　　　　　　能量大

紅　　　橙　　　黃　　　綠　　　藍　　　紫

可見光譜

An object's color is the opposite of what we see.

物體的顏色與我們看到的相反。

當光線照在物體上，有些光波會被吸收，其他則會反射。紅色物體會吸收紅色以外的所有顏色，並將紅色波長反射至我們的眼睛。黑色物體會有效地將光的所有波長全都吸收，什麼都不會反射；白色物體則幾乎什麼光波都不吸收，並且幾乎全都反射。當我們指稱物體的顏色時，根據的是它所排拒的波長，而不是它所保留的波長。

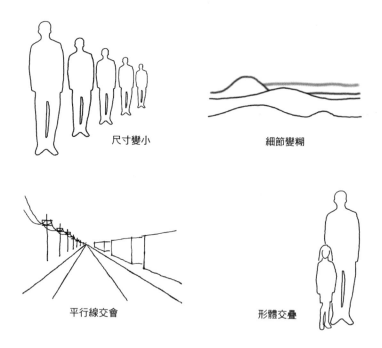

尺寸變小　　　　　　　細節變糊

平行線交會　　　　　　形體交疊

深度知覺（depth perception）的觸發因素

The brain sees more than the eye sees.

大腦看見的比眼睛多。

光線進入眼睛時,會在視網膜(位於眼球後方的光敏感組織〔light-sensitive tis-sue〕）上創造出影像。大腦會將該影像與其他資訊—— 例如另一隻眼睛接收到的資訊、物理環境的其他資訊,以及既有的心智模型(mental model)—— 結合起來,以推想眼前的3D空間。

視神經進出視網膜的地方並沒有光感受器,因而形成盲點(blind spot),而大腦亦能填補我們與生俱來的這項缺陷。

73

How to find your blind spot

如何找到你的盲點

1 拿起本書，將左頁的圖像擺在正前方，讓你的鼻頭置於十字與圈圈中間。

2 閉上左眼，並用右眼盯著十字，同時保持對圈圈的眼角餘光。

3 讓圖像慢慢地靠近你或遠離你，同時專心盯著十字。

4 當圈圈消失時，代表它已落在你的盲點上，也就是視網膜被視神經阻斷的位置。

74

We resolve dissonance by changing whatever is easiest to change.

面對內心衝突時，我們會柿子專挑軟的吃。

認知失調（cognitive dissonance）：當一個人的信念、價值或態度在本質上有所矛盾時，便會出現這種心理不適。通常，我們會用「合理化解釋」來緩解這種不適，而不是老老實實解決矛盾本身。

認知偏誤（cognitive bias）：由於有限的認知或資訊所導致的推理錯誤。

巴納姆效應（Barnum effect）：指的是傾向於相信語焉不詳的資訊（例如讀心術或星座運勢），即使這些資訊並無意義。

確認偏誤（confirmation bias）：為了確認／鞏固自己原有的信念或理論，因而傾向於忽略那些與之矛盾的新證據，或者會以有利自己的方式解讀這些新證據。

後見之明偏誤（hindsight bias）：篤信自己可以預測或阻止某件已發生的事件，也就是「放馬後炮」。

當事者與旁觀者偏誤（actor-observer bias）：指的是傾向於將他人的行為解釋為人格使然（「他突然鬼切真的很白目！」），對於自己的行為則會解釋為外部環境使然（「大家都靠我了，我不能遲到。」）。

自利偏誤（self-serving bias）：是「當事者與旁觀者偏誤」的例外情況，在自利偏誤中，人們會將自己的成功歸因於個人特質或進取心（「我超用功好嗎？」），而將失敗歸因於外部環境因素（「這次考試根本不公平！」）。

75

基準線

A   B   C

比較線

阿希從眾實驗

心理學家所羅門·阿希（Solomon Asch）對好幾組學生行進行這項實驗。他先展示一張卡片，上面畫有一條線，然後展示另一張卡片，上面畫有三條線。他要這些學生從第二張卡片中，找出與第一張卡片的線條一樣長的線。

每組學生中，只有一個學生是真正的受試者；其他學生則是樁腳，他們受阿希指使，會給出特定答案。阿希發現，當只有一兩個樁腳故意給出錯誤答案，而其他樁腳都給出正確答案時，那麼受試者的回答就不會太受影響。但是當有三個甚至更多樁腳來亂時，受試者的從眾行為便會大增。當所有樁腳都給出錯誤答案時，受試者同意錯誤答案的比例約為三分之一。

當問這些受試者為何跟著錯誤答案走時，大多數人表示他們是為了避免被笑。咸認為，在正確答案與錯誤答案更難辨明的日常生活中，這種不想被笑的欲望會更強烈。而如果當下身邊剛好是些社會地位比自己高的人，或是如果手上的任務難度加劇，這種從眾壓力會更進一步；我們的不安全感與不確定感，會促使我們尋求他人的見解。

76

"You become the average of the five people you spend the most time with."

——JIM ROHN,
author and motivational speaker

「你最常往來的五個人，平均起來就會是你這個人。」

——吉姆・羅恩
作家暨勵志演說家

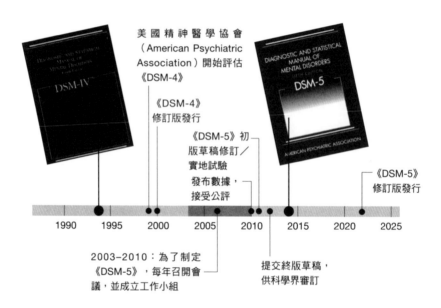

美國精神醫學協會
（American Psychiatric
Association）開始評估
《DSM-4》

《DSM-4》
修訂版發行

《DSM-5》初
版草稿修訂／
實地試驗

發布數據，
接受公評

《DSM-5》
修訂版發行

1990　1995　2000　2005　2010　2015　2020　2025

2003–2010：為了制定
《DSM-5》，每年召開會
議，並成立工作小組

提交終版草稿，
供科學界審訂

《精神疾病診斷與統計手冊》（*Diagnostic and Statistical Manual of Mental Disorders,
DSM*）的起草、出版與修訂

New information is old.

最新資訊都是舊資訊。

實驗成果發表後，大約需費時17年才會受到廣泛認可，並應用於實作。編寫一本全新的心理學教科書需費時數年，這意味著課堂教學可能會落後時代20多年。

一項2017年的研究發現，大部分心理學教科書收錄的重大心理學研究，很多後來都被大幅修正，有的甚至被完全戳破。例如，許多教科書都引用1964年在紐約皇后區發生的凱蒂・吉諾維斯（Kitty Genovese）謀殺案作為**旁觀者效應**（bystander effect）的例子。旁觀者效應認為，當有其他人在場時，人們就比較不會對受害者伸出援手。據說當時有數十名鄰居目睹吉諾維斯遭到攻擊，卻無人介入或報警。然而，幾十年後，這些描述已被證實是當地報紙的聳動操作。

78

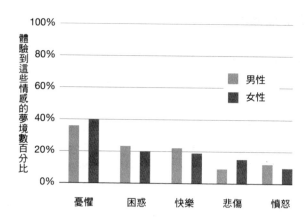

人們描述作夢時所體驗到的情感

資料來源：網站FiveThirtyEight，源自Calvin Hall與Robert Van de Castle的研究

It's hard to study dreams.

夢境難以研究。

科學家對於夢的功能或意義知之甚少。佛洛伊德提出，夢反映了被壓抑的欲望與衝突；儘管如此，目前並沒有科學證據能夠證明，未解決的童年問題，會導致人們成年後夢到自己在洗車場被林肯追。

心理學家卡爾文‧霍爾（Calvin Hall Jr.）試圖以實證的方式研究夢。在蒐集50,000份夢境報告後，他發現，世界各地的人們存在著相似的夢境模式，不過具體的夢境元素在出現頻率上仍有很大差異。我們的夢，似乎與我們醒著時所掛心、所關注的人事物有著某種關聯，霍爾相信自己的研究成果已表明這點。

神經科學家艾倫‧霍布森（Allan Hobson）主張，夢是由大腦脈衝隨機引起的：這些脈衝會啟動意外的「敘事」。當我們的心智將這些敘事與非夢境的思想及情感聯繫起來時，這些敘事會開始變得「有意義」。

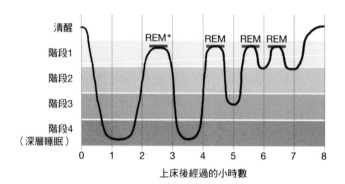

典型的八小時睡眠周期

＊譯註：即「快速動眼期」（rapid eye movement, REM）。

Nap for less than 20 minutes or more than 90 minutes.

小睡不要超過20分鐘，不然就睡90分鐘以上。

我們睡覺時，大腦會在快波活動（淺層睡眠）與慢波活動（深層睡眠）間循環。在頭20分鐘裡，我們會進入快波睡眠，此時會比較好醒，因為這時大腦的活動狀態與清醒時不會差太遠。但是隨著腦波趨於減緩，此時若硬要醒來，很難不感到昏沉。大約經過90分鐘，大腦會重新進入快波睡眠，此時又會變得比較好醒，醒來後也會神清氣爽。

80

恐懼、迴避

恐懼降低

尋求接觸

喜愛

羅伯特·扎榮茨（Robert Zajonc）的
重複曝光效應（mere exposure effect，又名熟悉定律〔familiarity principle〕）

Familiarity doesn't always breed contempt.

熟悉不必然導致輕忽。

當生物接觸到陌生的刺激物時，假設該刺激物並不構成威脅，那麼該生物便會在接觸過程中逐漸對該刺激物產生好感。一開始本來是害怕的，但在不斷接觸下，可能會反過來主動尋求該刺激物，並對其產生喜愛的反應。這種重複曝光效應（mere exposure effect）其實也是大多數廣告的核心：我們見到一個產品的次數越多，就越有可能購買它。

而那種令人不快的、危險的、惱人的刺激物，情況則恰恰相反：反覆地接觸，通常只會加劇最初的負面感受。不過，若能以精心管控方式與這類引發害怕的刺激物進行接觸，那麼是能減輕或消除恐懼症（phobia）的──所謂恐懼症，大多源自無端的或不理性的害怕。這類引發害怕的刺激物，接觸時如果只是引入一點點（例如讓怕高的人在梯子上往上一階），其所引發的害怕是小到可以駕馭的。長期接觸下，這種程度的輕微害怕會逐漸消散，人們進而能夠完全面對原本害怕的刺激物。

81

Read the middle at the end.

中間的留到最後再讀。

閱讀學術論文時，最好不要按照頁面順序讀。我們應要先閱讀〈導論〉，然後閱讀最後的〈討論〉，這樣在閱讀更複雜、更詳盡的中間章節之前，便能先抓到整體脈絡。

學術論文的主要章節架構如下：

1 **導論**（Introduction）：對先前的相關研究進行回顧，並在結尾處指出先前研究未能回答的問題，為當前研究鋪平道路。

2 **方法**（Methods）：向大家描述該研究所採用的測量方法。

3 **結果**（Results）：呈現研究數據，通常以表格或圖表呈現，輔以敘述性的解釋與總結。

4 **討論**（Discussion）：提醒讀者該論文試圖解決的問題、主要的發現，以及未來的研究應該採取的方向。

如何教書

1 好好準備，但不要過度準備。將內容按照你期望呈現的順序組織起來，但切記不要太死板。把最不重要的內容放在中間。如果你時間不夠，這內容你可以跳過。

2 開始之前先起跑。學生進來時，問問他們的情況。默默記下他們提到的事，上課時你或許能拿來用。

3 先說課程目標。這堂課你希望讓學生獲得什麼，可在課堂開場時闡明。

4 保持互動。每講完一個主要概念，就問台下問題。可利用表決器（clicker）即時評估學生們的理解程度，然後再繼續講課。

5 允許學生們共同捏塑課堂方向。面對課堂中的岔題發展，你要確信自己能夠跟好，同時能在課堂快結束時，達到你預期的高潮。

6 把最重要的內容留在最後。無論課堂進行得如何，都要至少保留10分鐘講解課堂最後的內容，這樣你才不會匆忙結束。

7 保持學習者的態度。我們的教學，唯有在嘗試解答自己也好奇的問題時，才能發揮最大效能。如果有什麼問題對你來說是切身相關的，那麼就設計一堂課來探討它。請將你的教學內容與最新研究及時事做連結。

83

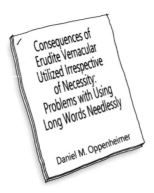

Consequences of
Erudite Vernacular
Utilized Irrespective
of Necessity:
Problems with Using
Long Words Needlessly

Daniel M. Oppenheimer

＊譯註：圖中文字出自心理學教授丹尼爾‧M‧奧本海默（Daniel M. Oppenheimer）的論文題目。
冒號前的句子與冒號後的句子想表達的意思幾乎相同，即「無端使用繁冗詞彙所帶來的問題」。差
別在於，冒號前的文字繁冗難嚼，冒號後的文字簡明易懂。

Bigger words suggest smaller intellect.

用字越繁冗，感覺越不聰明。

心理學教授丹尼爾・M・奧本海默（Daniel M. Oppenheimer）研究了我們的用字遣詞如何影響他人對我們智力的評價。在這項研究中，他找來各種文章，將文章中的冗長詞彙抽換為簡短詞彙，然後讓受試者閱讀並對這些文章的「作者」進行評價。受試者一致認為用詞簡短的版本出自更為聰明的作者之手，並會聯想到一些正面的個人特質，如才能、自信、討喜。

奧本海默將他的研究應用到其它場域，而他發現，那些名字很難念的公司股票，通常被買的可能性較低；那些喜用冗長詞彙的商業領袖，往往會讓員工們感到挫敗與困惑，而員工們對於新政策或新指令中的複雜詞彙，通常都是看看就好。奧本海默甚至認為，那些名字難念的政治家，在選舉時相當不利。

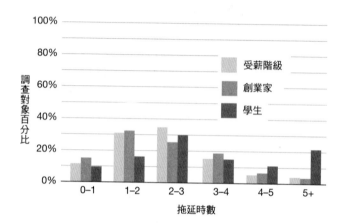

你昨天拖延了多少小時？

資料來源：Darius Foroux針對2,219人進行的調查，刊載於網站dariusforoux.com

Little problems, unaddressed, become big problems.

小問題不處理，日後將成大問題。

生活要求我們解決各項問題——保養汽車、與老闆進行艱難的討論、向愛人妥協。但是，拒絕或是拖延處理問題是容易的。於是，我們任其化膿，希望問題就此消失。然而，當問題依然存在時，我們只會感覺更糟，而我們的拖延也讓我們感覺更糟。我們的焦慮越來越深，蔓延至生活中的其他領域，而這些領域也存在著被我們放著不管的問題。我們變得煩躁、羞愧、沮喪，對本來不用生氣的事發脾氣。我們無時無刻承擔著一個無形的、難以承受的重擔，其確切來源已無可辨認。

生活中的小問題出現時，我們可以咬個牙，即時解決它，不然日後等著我們的，將會是更難解決的問題。

85

"In life, we can't always control the first arrow. However, the second arrow is our reaction to the first. The second arrow is optional."

——THE BUDDHA

「生命中射來的第一支箭，並非總在我們的掌控之中。然而，射過來的第二支箭，源自我們對第一支箭的反應。第二支箭操之在己。」

——佛陀

86

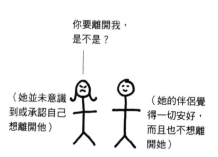

投射
Projection

將自己對某人的感受，
歸因於那個人

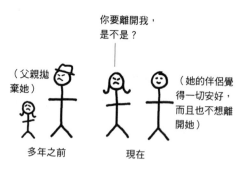

移情
Transference

將自己對某人的感受，
轉移到當前的對象上

Therapy is an alliance.

治療是種結盟關係。

大多數患者會希望與他們的治療師建立連結。他們希望被喜歡、被理解，他們希望參與診斷他們的問題，並積極履行解決方案。

身為治療師，要站在病人的角度思考他們的問題。好好利用你們之間的關係，這不只能讓你洞察問題，也能讓你對他們看待與參與世界的方式感同身受。如果你感受到病人過度熱情地揭露自己、展現出不恰當的依戀、表現得漠不關心，或隱約懷有敵意，那你可能開啟了一扇窗，得以窺見他們在其他人際關係中的態度。

隨時體察你們之間關係的變化。在這樣的合作關係中，若病人對進展表示不滿，這可能代表某種突破即將到來：病人可能感受到自己的防禦機制受到挑戰，或是他長期以來的信念體系正逐漸瓦解，因而才將自己的不適投射到治療師身上。

神探法蘭克‧可倫坡（Frank Columbo，
由理查‧萊文森〔Richard Levinson〕與威廉‧林克〔William Link〕共同創作的電視角色）

Feign innocent confusion at the patient's discrepancies.

當患者表現前後不一時，我們可以裝笨一下。

當患者未按先前講好的去做，或是描述事情的方式前後不一，千萬不要說他們說謊或未達要求。反之，我們可以不溯及既往，並且一派天真地問他們：「你為何這麼做？」或「那件事後來怎樣了？」

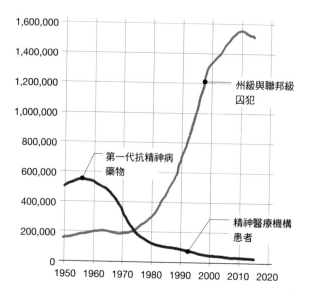

1,600,000

1,400,000

1,200,000

1,000,000

800,000

600,000

400,000

200,000

0

第一代抗精神病
藥物

州級與聯邦級
囚犯

精神醫療機構
患者

1950　1960　1970　1980　1990　2000　2010　2020

美國的囚犯與心理健康病患

資料來源：The Sentencing Project與U.S. Department of Health and Human Services

羅森漢實驗

1973年，心理學家大衛・羅森漢（David Rosenhan）告稱，他與8名同夥曾前往12家精神醫療機構，佯稱自己有幻聽。他們全被留院觀察，而後他們表現正常，並告訴醫療人員他們不再有症狀了。這些假病人最長住院52天，平均每人住院19天；除了其中一人，其餘皆被診斷患有思覺失調症。醫療人員將他們的正常行為解釋為「症狀」，例如將他們記筆記（為了實驗目的）的行為視為一種病態。與此同時，在其中三家精神醫療機構裡，118名住院病患中有35名對這些假病人表示懷疑，認為他們是裝的。當這些假病人最終獲釋時，其條件是他們要承認自己患有精神疾病並同意服用抗精神病藥物。

後來，有家醫院向羅森漢發起挑戰，要他將假病人送來，測試該醫院的篩檢能力。該醫院對自己的篩檢能力極有信心。羅森漢同意了。該醫院將193名新進病患中的41名標記為羅森漢派來的假貨，另外亦有42名被列入嫌疑。不過，羅森漢說他一名也沒送去。

2019年，作家蘇珊娜・卡哈蘭（Susannah Cahalan）對羅森漢實驗進行調查，告稱該實驗有很大程度是造假的。

89

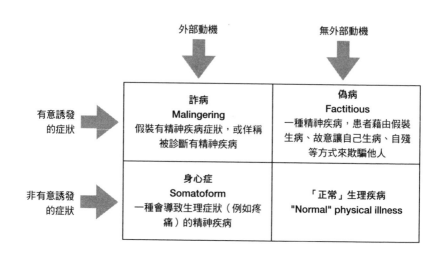

參考自B. Adetunji, et al, "Detection and management of malingering in a clinical setting," Primary Psychiatry, Vol. 13, No. 1, 2006

Faking mental illness is evidence of mental illness.

假裝患有精神疾病，可能也是一種病徵。

詐病（Malingering）是指假裝有精神疾病症狀，或佯稱被診斷有精神疾病，藉此獲取外部獎賞。例如，人們可能會假裝患有精神障礙，藉此逃避罪行、獲取殘障福利、向公司請假，或引起家中成員關注。詐病行為往往是在濫用醫療系統，而那些真正需要幫助的病患，將會因此無法獲得足夠的照護與資源。

然而，詐病的行為，有時可能暗示此人存在某種心理方面的問題。為此，心理學家開發了一些識別詐病的技術，例如讓人進行一些測試，測試中醫生會提出一些不可能存在的症狀，受試者若同意自己患有這些症狀，便代表他們「測試失敗」，是詐病者。

90

"It's a lot harder to convince people you're sane than it is to convince them you're crazy."

———JON RONSON,

author, quoting a psychiatric patient

「要人相信自己正常，比要人相信自己瘋了難得多。」

———強‧朗森

作家，引述自一名精神病患

歷史性的
在特定時代中被認為是偏差行為＊

情境性的
在某些脈絡中被認為是偏差行為，在其他脈絡中則不然

跨文化性的
在許多文化中都被認為是偏差行為

偏差行為的類別

＊譯註：圖為1702年出版的書籍《對巫術本質的審慎探究》（*Modest Enquiry into the Nature of Witchcraft*）。作者約翰・黑爾（John Hale）牧師是1692-1693年間塞勒姆獵巫事件（Salem witch trials）的要角之一，最初他支持這場行動，後來改變立場，本書便是以平衡的觀點記載了這起事件。

Societies decide abnormality.

社會決定了何謂偏差行為。

僅有少數人的特質與行為是超出社會規範的。不過,所謂規範,既不具普遍性,也不一定具有公平性。這些規範會邊緣化一些行為或參與模式,但同樣的行為或參與模式,在別的社會中卻可能是受到重視的。例如,在人類文明形成之前,在尚待開拓的邊疆地帶中,一個好奇心旺盛的衝動孩子可能會備受珍重,因為在這裡,吸取新經驗以及探索未知都是生活的必需。不過在現代社會中,人們對孩子的要求,則是每天在教室坐滿7小時,大多長達12年,因此那種好奇心旺盛的衝動孩子,可能會無可避免地被診斷為注意力不足過動症。

92

瑪莉上哪去了？

她打電話來說得了癌症。
她明天就會好一點了吧。

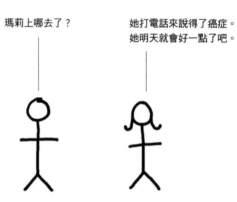

Mentally ill, mentally diseased, or mentally injured?

心理學不區分illness、disease、injury。

腸胃炎或冬天感冒，技術上來說都是「disease」，但我們使用「disease」一詞時，通常是描述那種更為嚴重的病狀，這類病狀足以威脅個體的整體健康，攸關存亡。我們通常會用「sickness」或「illness」來描述那種相對好撐過去的病狀。另外，我們會用「injury」來描述由外部因素造成的局部傷害。

在心理健康領域，則不去區分「disease」、「illness」、「injury」；若是加以區分，恐會加劇人們對「mental illness／精神疾病」的誤解，例如：我們會用「mental illness」來描述那種深層的、難以根除的精神病狀，那麼同樣的詞是否仍適合用來描述短暫的焦慮狀態？有些精神病肇因於生物學因素，如果因為我們的輕率命名，而讓人誤以為這種病無異於短暫的小病痛，那麼人們對於遭受這類精神苦痛的人還能真正同理嗎？有些成人因為童年時期遭受虐待而有情感上的障礙，這時我們也會用「mental illness」來描述這類病狀，但這樣恰當嗎？畢竟這類傷害其實是外部因素造成的。

93

大腦

心智

物理性的、客觀存在的實
體；大腦是電脈衝的容
器，處理感知、思維、行
為等。

主觀存在的實體；心智究竟是存在
於大腦中、遍布全身，還是超越身
體之外，一直以來都有爭議；心智
與整體覺察、自我覺察及感覺知識
（felt knowledge）相關

Szasz: There is no mental illness; there are only problems in living.

湯瑪斯．薩斯：沒有精神疾病，只有生活難題。

精神病學家湯瑪斯·薩斯（Thomas Szasz）認為，那些受精神問題折磨的人，不應被視為患有疾病。他指出，所謂的疾病，是源自身體上的毛病，是物理性的；然而心智──也就是一個人的精神中心──並非物理性的實體，而是概念性的實體。他認為「mental illness／精神疾病」這種說法應被理解為一種隱喻。他曾如此寫道：「當我們用『sick』描述一個人的心智狀態時，不應理解為『患病』，而應理解為『出狀況』，就像我們會用『sick』來形容一個不合時宜的笑話，或用『sick』來形容經濟狀況不佳那樣。」心理問題應當被視為是不符社會規範的偏差狀態，或是某種「生活難題」，而不該被視為疾病。當人們將這些問題視為「醫學問題」時，實際上也迴避了重要的社會與道德問題。

薩斯進一步指出，當我們承認有些精神疾病肇因於生物學因素──例如將「瘋狂」的原因追溯至梅毒──其實也間接證實了他一直以來的觀點：也就是說，某些「精神病狀」在經過深究後，會發現它們純粹是生理病狀。他也指出，現今被我們稱為「精神疾病」的精神症狀，如果我們有辦法證明它們其實全是生理疾病的話，那麼我們也就不再需要「精神疾病」這樣的概念了。

94

焦躁不安

蕁麻疹、皮膚癢、
紅疹

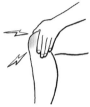

關節或肌肉疼痛

自殺的念頭

感冒或發燒

百憂解（Prozac）的常見副作用

Nature doesn't draw boundaries where we draw them.

劃分病症類別只是輔助。

當我們對患者進行精神病學介入時，不能只是聚焦在已診斷出的病症。以憂鬱症為例，若我們找出發病原因（可能是基因、荷爾蒙，或酵素），並以此作為治療指標，那麼除了能幫患者減輕病症，或許還能帶來其他積極影響，例如讓患者變得更為自省、更願爭勝、更具創造性；更能感知危險與欺詐；想得更長遠；更有同理心。當我們針對患者身上不受控的特質加以治療，便有可能改變他／她在其他方面的表現。

95

硬科學 Hard sciences	軟科學 Soft sciences
研究非關人類的各種現象	研究人類及其組織體系
・尋求價值中立 ・通常在實驗室的隔離環境下進行研究 ・能建立可靠的因果關係 ・仰賴量化的（quantitative）因素 ・正式性研究得出的結論，通常也適用於個案	・無法價值中立 ・通常不可能將所有影響因素都納入實驗室的隔離環境中 ・很難或不可能建立直接的因果關係 ・存在許多質性的（qualitative）、未知的因素 ・正式性研究得出的結論，無法假定能適用於個案
例如：物理學、化學、生物學、地質學、天文學、數學	例如：心理學、政治學、經濟學、社會學

The soft sciences are hard.

軟科學，真的硬。

人類行為的形成因素，大多難以定形，而且種類可能無限多。這使得我們難以用科學術語來提出關於人類的問題、難以在研究中確立可靠的操作變因與控制變因，也難以從數據中獲得明確的結論。因此，新的研究往往會與先前的研究互相矛盾，並且通常要累積很久才能得出定論。即使能為人類行為確立一項明確準則，也只能假定它適用於一般大眾，而無法假定它適用於特定個體。對患者進行治療時，除了要有深厚的科學知識，也要有足夠聰穎的直覺，來詮釋與處理患者的特定情況。心理學研究是一門科學。心理學實踐則是一門藝術，並深受科學影響。

96

"Science is often misrepresented as 'the body of knowledge acquired by performing replicated controlled experiments in the laboratory.' Actually, science is something broader: the acquisition of reliable knowledge about the world."

———JARED DIAMOND

「科學常被曲解為『在實驗室的受控環境下進行重複實驗，從中掌握知識。』事實上，科學沒那麼狹猛：它要掌握的，是有關這個世界的可靠知識。」

———賈德・戴蒙
《槍炮、病菌與鋼鐵》（*Guns, Germs, and Steel*）作者

97

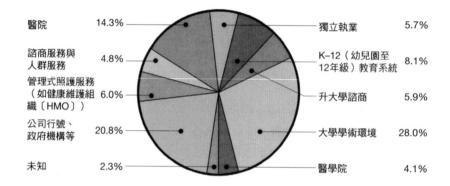

醫院	14.3%	獨立執業 5.7%
諮商服務與 人群服務	4.8%	K−12（幼兒園至 12年級）教育系統 8.1%
管理式照護服務 （如健康維護組 織〔HMO〕）	6.0%	升大學諮商 5.9%
公司行號、 政府機構等	20.8%	大學學術環境 28.0%
未知	2.3%	醫學院 4.1%

美國的心理學家在哪工作

資料來源：Doctorate Employment Survey, APA Center for Workforce Studies, May 2011

You can't be good at or interested in everything.

你無法事事擅長，也無法事事感興趣。

心理學或許目標宏大，誓要了解關於人的所有一切，但別忘了，在「心理學」之下，是有許多專業分支的。若你有志成為心理學家，那你不該期望自己對所有分支都感興趣。一名執業的臨床心理學家，不該奢望能治好所有潛在患者，也不該宣稱自己的治療方法適用所有人。大多數尋求心理治療協助的人，會很樂意聽到治療師有自己的獨家法門──當然接不接受取決於患者──而不是聽到治療師宣稱自己的方法適用所有人。

一名臨床心理學家當然也可以同時通曉諸多心理學分支，處理各種不同類型的心理健康問題；但是當病人需要更專業的協助時，還是要將他們引薦給受過專門訓練、富有經驗的專家。

98

痛苦
distress

功能失常
dysfunction

偏差
deviance

危險
danger

情緒性困擾

正常運作能力受阻

不符社會規範

危及自己或他人

判斷患者是否患有精神障礙的四個D

A diagnosis is a judgment call.

診斷是一種主觀判斷。

嚴重精神障礙的症狀表現，如悲傷、困惑、焦慮、凡事提不起勁，這些也都是一般人會經歷的。目前並沒有一種血液檢測，能夠明確表明這些心理狀態是正常情緒還是嚴重的臨床憂鬱症。即便精神科醫生欲從生理角度治療病患，但實際在進行診斷時，主要根據的還是患者的行為表現。此外，患者可能會有多種疾病的症狀表現，因此任何診斷都有賴醫生的主觀判斷，來確定患者是否得病，以及得的是哪種疾病。

99

你的掙扎源自你的過去。你必須找出根源，不然它會漸漸侵蝕你的未來。

發掘出深藏的祕密可能要花二十年。無論最終找到與否，你都得開始培養新技巧，才有辦法繼續前進。

心理動力療法
Psychodynamic therapy

認知行為療法
Cognitive behavioral therapy

Seek a way *through*, not *out*.

找出應對方案，而非逃跑方案。

很少有問題能在治療中徹底解決。治療師的職責，並非開出一勞永逸的解決方案，而是協助患者應對自身的艱難處境。這可能需要患者檢視自身的過往經歷、被遺忘的創傷，以及根深蒂固的行為，這些都是防礙患者理解並應對當前處境的不利因素；同時，患者也要培養未來能夠用上的「新技巧」。

100

Nothing is truly broken; there is only the honoring of the journey.

無物真正毀壞；過往的歷程全都值得珍視。

「金繼」（日文念作「kintsugi」，英文翻作「golden joinery」）是一項擁有500年歷史的日本傳統工藝，用於修復破損的陶器。修復過程中，工匠不會隱藏陶器的損傷，而是會用金或銀，來填補陶器的裂縫、缺口及空隙。這些金銀填料可以與原物件的表面齊平，也可以做得稍微凸出。

「金繼」擁抱器物的不完美、損耗及毀壞，並且相信，這些器物的價值正在於這些缺陷。裂縫並非永久的損傷，而是生存在世的深刻證據。照亮缺陷，而非隱藏缺陷；形貌改變及其不完美，並不會被憎惡，而是會被理解為創造美的新機會。

101

英文索引

（數字為篇章數）

中文索引

（數字為篇章數）

心理學的法則

101個了解情緒，破解人性的黃金法則

作　　　者	提姆·波諾 Tim Bono
繪　　　者	馬修·佛瑞德列克 Matthew Frederick
譯　　　者	劉鈞倫
審　　　訂	蘇益賢
封面設計	白日設計
內頁構成	詹淑娟
執行編輯	柯欣妤
企劃執編	葛雅茜
行銷企劃	蔡佳妘
業務發行	王綬晨、邱紹溢、劉文雅
主編	柯欣妤
副總編輯	詹雅蘭
總編輯	葛雅茜
發行人	蘇拾平
出版	原點出版 Uni-Books
	Facebook：Uni-Books 原點出版
	Email：uni-books@andbooks.com.tw
	231030 新北市新店區北新路三段207-3號5樓
	電話：（02）8913-1005　傳真：（02）8913-1056
發行	大雁出版基地
	231030 新北市新店區北新路三段207-3號5樓
	24小時傳真服務（02）8913-1056
	讀者服務信箱Email: andbooks@andbooks.com.tw
	劃撥帳號：19983379
	戶名：大雁文化事業股份有限公司

初版 1 刷　2024年5月
初版 2 刷　2024年7月

定價　380元
ISBN 978-626-7338-84-1（平裝）
ISBN 978-626-7338-86-5（EPUB）

國家圖書館出版品預行編目資料

心理學的法則 /提姆‧波諾（Tim Bono）著；馬修‧佛瑞德列克（Matthew Frederick）繪；劉鈞倫譯. -- 初版. – 新北市：原點出版：大雁出版基地發行, 2024.05
224面；14.8×20公分
譯自：101 Things I Learned in Psychology School
ISBN 978-626-7338-84-1 (平裝)
1. CST: 心理學
170   113002062

101 Things I learned in Psychology School by Tim Bono, PhD, with Matthew Frederick

This translation published by arrangement with Crown,

an imprint of Random House, a division of Penguin Random House LLC.

This edition is published by arrangement with Crown through Andrew Nurnberg Associates International Limited.

Complex Chinese edition copyright © 2024 by Uni-Books, a division of And Publishing Ltd.

All rights reserved.